岩井志麻子
Shimako Iwai

腰痛

ロミさんはまったくの日本人だが、アジア某国で商売を始めて成功し、永住権も獲得したパワフルな美熟女だ。繁華街でレストランも経営していて、日本人駐在員や日本からの観光客もよく来る。その中に何人か、ちょっと記憶に残る妙な客がいるそうだ。

「イワカミさんって、業界紙記者とかなんとかいってたけど、恐喝が本業みたいな人でね。車椅子に乗ってて、秘書と称する若い現地の男にそれ押されて初めてここに来たの。

『十年くらい前かな。俺、いつも腰痛に悩まされてたんだけど、仕事はきっちりやっててさ。ある日この国ですごい情報をつかんでの帰り、ここの近くの裏道を歩いてたら、向こうから黒ずくめの男が駆けてきて、すれ違いざまぶつかった。

そのまま何事もなかったかのように、そいつは走り去った。なんだあの野郎とむかついたけど、追いかけてって要らない揉め事を起こすのも嫌で、そのまま俺も急いで帰ろうとしたんだけど。なんか妙にふらついて、真っ直ぐ歩けない。

通行人の悲鳴でわかったのが、腰にぶっすり短刀が刺さってたんだ。気づいた瞬間、腰が抜けた。背骨も損傷してて、だからご覧の通り、車椅子になったんだよ。通り魔じゃなく、最初から俺を狙ってたんだな。でも、麻痺したおかげで腰痛も消えた』

なんて笑ってるのよ。それから例の秘書に車椅子を押されて何度か来たけど、いつの間にか来なくなったのね。しばらくしたら街なかでばったり、秘書といってた若い男に会ったの。彼にイワカミさんはお元気かしらと聞いたら、こう答えたわ。

『イワカミさんが、取り引き先の相手と二人きりで会う用事があるから、お前はきっちり一時間後に迎えに来いといいました。いわれた通りの時刻に待ち合わせ場所に行ったら、イワカミさんは車椅子ごと向こうを向いてて、背もたれから後ろ頭が見えてた。

後ろから車椅子に手を掛けて押したら、なんか妙に軽い。あれっ、と違和感を覚えて前に回ったら。目を開けたままでしたが、明らかに死んでるんです。

慌てて、いつも世話になってる病院まで車椅子を押していきました。驚きと混乱と恐怖の中でも、なんか車椅子が軽いな、というのはずっと感じてました。

病院の人が、ひざ掛けを取ってびっくり。腹から下が切断されてたんです。腰と尻と足がなくなってた。ズボンと靴はそのまんまで、中に布やタオルを詰めて形を整えて、上半身を厚いクッションに乗せてたから、ぱっと見は普通に座ってるように見えたんですよ。

血の処理もしてあったようで、クッションにちょっと体液が染みてるくらいでした』

闇社会の奴らに始末されたんだろうけど、ほんと腰痛に悩まされることはなくなったね」

車椅子を押していた若い男も、向こう側の一味ではないかという気がするのだが。

オバサンの能力

前の話に出てきたロミさんは、口癖というほどではないものの、

「語学って、勉強ができるできない、頭がいい悪いはあまり関係ないの。運動神経や音感、芸術的センスといったジャンルにあるものよ。勉強できなくてもスポーツ万能、特に習ってないのに歌や絵が上手いって人もいるでしょ。逆に、すごい高学歴なのに絵や字が幼稚園児みたいな人もいるし。だから、外国語をすぐ覚えてしゃべれるようになっても、頭がいいとは限らない。逆に、いつまでもしゃべれないから勉強できない、ってのも違う」

というようなことをいう。そんなロミさん自身はまったく霊感はないのに、霊感のある人を呼び寄せてしまう能力があるそうだ。

「霊感ってのも同じよ。人格的に優れているから、霊能力があるとは限らない。たまたま歌が上手い、生まれつき手先が器用、そういうのと同類よ」

そんなロミさんがあるとき、新しく雇うかもしれないという若い現地の女性を連れてきた。ニニと呼ぶなかなか可愛らしい彼女は、日本語もかなりできた。

その三人で夜の市場に出かけ、ロミさんがぜひ連れてきたかったという、小さな食堂に

案内してくれた。十人入ればいっぱいになる店内は、小太りでパーマ頭の、どこにでもいそうな平凡なオバサンが一人で切り盛りしていた。

オバサンはこちらのテーブルに来てロミさんに会釈し、次にニニを見るなり、ペラペラッと何かまくしたてた。ニニは顔色を変え、何かいい返したがそのまま逃げるように店を出ていってしまった。それっきり、二度とロミさんの前に現れなかったそうだ。

ともあれ座ったまま後を追いもしなかったロミさんが、後で教えてくれた。

「ニニの父親が殺人未遂で服役中なこと、母親がやくざな若い男と同棲して闇金融やってること、ニニに詐欺の前科があること、みんないい当てちゃった。

私はそれらを噂で聞いてて、本当かなぁと疑ってたんだけど。ここのオバサンがいったし、ニニも『何で知ってんの』みたいにうろたえてたから、やっぱり本当なのね」

ロミさんによると、ここのオバサンは無関係な他人の過去など透視できるが、あらかじめ頼んでおかなければ見ないししゃべらないし、しかもその分の金は取らないそうだ。

「自分じゃ、霊感を特殊能力と思ってないの。『アタシがちょっとカラオケ上手いくらいで、店やめて歌手になろうとしたら馬鹿でしょ。オバサンの趣味のカラオケで金は取れない』ともいってるわ。カラオケはさておき、霊能力は金取れるレベルなのに」

何にしてもニニは雇わないわ、オバサンの霊視に従って、とロミさんは苦笑した。

鬼が憑く

某国の繁華街で手広く商売をする日本女性、ロミさんの「妙な客」の話はまだ続く。

「日本であれこれやらかして、こっちに逃げてきたサカモトさんてのがいてね、どこで引っかけたか、こっちの女と一緒に暮らすようになってたの。

ご存じのように、この国は占いや霊的な世界、迷信を信じる人が日本よりはるかに多い。特に日本でいうお盆の時期になると、街中、国中に祭壇が設けられる。ご先祖や亡くなった親族だけでなく、得体の知れない鬼も来るといって、冠婚葬祭はいうまでもなく、引っ越しや新車を買う、といったことも控えるのが決まりよ。

サカモトさんと一緒にいる女も、堅くそれらを守っていたわ。だけどサカモトさん、そういうのを信じないどころか嫌ってる、馬鹿にしてる人だったのね。

彼女が夜の商売に出かけている間、わざと新しいバイク買ったり、自宅の祭壇の香炉で煙草を揉み消したり、アパートの前の公共の祭壇に立ち小便したり、なんかもう罰を当ててくださいっていわんばかりのことばっか、やらかしたんだって。

サカモトさんって、それまではわりとデブで丸顔で、なんとなくお地蔵さんみたいな感じだったんだけど。その時期が終わってしばらくしてうちに来たら、げっそり痩せて頬もこけて、顔も魚の干物っぽくなってたわ。で、こんなことというの。

『あんな目に遭ったの、初めてだ。彼女が出てった後、一人でいたんだけど。ちょっとトイレに立って部屋に戻ったら、テーブルの上に椅子が積み重ねてあんの。ほんの一分かそこら、目を離した隙にだよ。

もちろん、誰も入ってきてない。用心してて、玄関だけじゃなくリビングのドアもいつも内側から鍵かけてたし。なんか変だと思ったら、テレビも逆さになってた。

その逆さになったテレビに死んだ前の女房が映って、犬の鳴き声をあげてる。窓辺で飼ってた小鳥が、鳥籠ごと燃え上がって跡形もなく消えた。

さすがにパニックになって、なぜか小学校の校歌を歌いまくってた。そうこうするうちに彼女が戻ってきて、俺の様子のおかしさで鬼に取り憑かれたのがわかったんだな。

飛び出して、知らないオバサン連れて戻ってきた。後からわかったけど、拝み屋だった。浴槽に水溜めて裸にされて突っ込まれて、塩を混ぜられた。目をつぶってたら、まるで海にいるようだった。俺の上をぞろぞろっと大勢の鬼達が移動していくのが、わかった』

それでどうにか、サカモトさんは助かったというか、許してもらえたみたいね」

それ以来、サカモトさんは猛烈に信心深く、迷信深くなり、拝み屋オバサンがいる廟《びょう》に毎日行っては拝み、酒やお金を供えているそうだ。

幼なじみ

現地の人と間違えられるほど某国に馴染んでいるロミさんだが、やはり日本人が客として来ると、ついいろいろ余計なことまで話し込んでしまうという。

「一回しか来てないのに、色濃く記憶に残ってる人も何人かいるわ。トウコさんっていう地方新聞の記者は、小学生の頃カントくんていう好きな男の子がいたのね。

あるときみんなで、学校そばの凍った池に遊びに行ったんだって。みんな池の畔、すぐ道に出られる方で遊んでたんだけど。カントくんが、あっち行こうと誘ってくれた。

カントくんが自分だけ誘ってくれた、ってのがうれしくて、並んで歩いていったんだって。そしたら突然、がくっと足がめり込んだ。氷が割れてる箇所があって、トウコさんあっという間に凍てつく氷の中に落ち込んでしまった。

冷たい怖いでパニックになったトウコさんを見て、カントくんは笑ってた。パニックになりながらも、彼が冷ややかな目で自分を見降ろしていたのは鮮明に覚えているって。

気がついた友達がわあわあ騒いで、たまたま通りかかった大人が助けてくれた。その後、先生や親に目いっぱい怒られたことより、好きな男の子に『殺されかけた』ことがショックでトラウマで、それはどうしても口に出せなかった。

カントくんは何事もなかったかのように、平然としてたそうよ。それからカントくんは転校していって、会うこともなくなった。池を見るとふっと思い出したりもしたけど、次第にトウコさんも忘れていった。

そうして地方紙の記者になってしばらくして、思いがけずカントくんの名前と消息を目にしたの。不倫相手の女性を殺害したって、ニュースで報道されたのね。

カントくんは妻子があったのに、それを隠して出会い系で知り合った女の子と付き合って、彼女がカント君の嘘を知って別れたいといったら、絞め殺しちゃった。

遺体を毛布で包んで、池に捨ててたのよ。トウコさんの思い出にある池じゃないけど、

『殺すとき、あの笑い声を立ててたんだろうな。池に捨てるとき、あの目をしてたんだろうなって想像したら、まるで自分が殺されて捨てられたような恐怖を覚えました』

って、トウコさん暗い顔してたわ。それからしばらくして、トウコさんが住んでる街の人が客で来たから、ちょっとトウコさんの話をしてみたのね。

その人はトウコさんとは直接の知り合いじゃなかったけど、その新聞社のトウコさんと思われる女性記者が小学校そばの池で変死体で見つかった話をしてくれたわ。真冬に薬飲んで、凍った池の上で寝て凍死だって。カントくんの思い出に引きずり込まれたのかな」

カントくんが、幼なじみの死を知っているかどうかはわからない。

血染めの……

もうちょっとだけ、某国で店をやっているロミさんの客の話を書いておく。

「ユミさんって、そこそこ知られた芸能事務所でマネージャーやってたの。担当してたタレントと仕事でこの国に来たとき、うちに寄ったのね。タレントはトウの立ったグラビアの子で、画像を見たらユミさんの方が可愛いかったわ。

タレントの子はちょっと名前出せないんで、仮にタレ子としておくね。すごくわがままで情緒不安定で、しかも淫乱っていうのかな。すぐ男についていっちゃう。

だからユミさん、へとへとになってて。息抜きでうちに一人で来て、つい私が話しかけたもんだから、お酒も手伝ってワーッとタレ子の愚痴や悪口が出てきちゃった。

『ぶっちゃけ、怖いんですよ。着いた日に着替えを手伝ってたら、ブラジャーにべったり血がついてるんです。最初、イチゴかトマトのジュースかと思ったんですが、絶対に血です。薄いピンクのブラジャーが、半分以上も血に染まってる。

ブラジャーに血がつくって、あまりないことですよね。若い女だと、パンツならあり得るけど。でもタレ子は平然として隠すそぶりもないんで、何もいえなくなっちゃった。

ところが次の日も、まったく同じ血染めのブラジャーしてるんです。やっぱり平気な顔で。着替えを手伝うのは私だけで、他のスタッフは水着や衣装を着たタレ子しか見ないから、例の血がついたブラジャーは見ないんです。

撮影はもう終わって、タレ子は現地で引っかけた男と遊びに行ってますよ。例のブラジャーをつけてるかどうかはわかりませんが、一日も男なしでは過ごせないんです。

あの血は男とのいざこざで、ついたんじゃないかなと思いましたが。タレ子は別に胸を刺されてることもないんです。男が刺されて、返り血を浴びたんだったら、どうしよう』

まぁなんかあったら、うちに逃げこんできなさい、となだめて帰したんだけど」

翌日の帰国便は早朝で、それっきり連絡もなかった。ロミさんはネットでもタレ子のSNSを見たし、自宅で日本のテレビ番組も見たが、タレ子は何事もなかったかのようにタレント活動を続けているようだった。

「ところがしばらくして、うちの店を開けようと昼過ぎに来たら、出入り口のところに変なものが置いてある。割れたワインボトルに、薄いピンクのブラジャーが巻きつけてある。どちらも血まみれ……だったのかな。赤ワインかもしれなかった。

気持ち悪いから、すぐどちらも捨てたわ。たまに現地の同業者に、嫌がらせされることあるのよ。それだわ。ユミさんやタレ子とは関係ないと思う」

ちなみに、ユミさんに連絡を取ったら事務所は辞め、所在不明になっていたそうだ。

美容院

マイコさんは三十路の独身、ごく普通のＯＬだ。行きつけの美容院は二か所あり、会社近くのＡ店と、自宅近くのＢ店だ。どちらも、ただ近いという理由だけで通っていた。

ご存じのように美容院はだいたい月曜日が休みだが、偶然にも何の関連もないＡ店Ｂ店が揃って改装と研修旅行で三日ほど休業になった。それを知ったマイコさんは、そろそろ新規の店を探す機会が来たかなと感じた。

初めはネットで探そうとしたが、店は膨大にある。探すのが面倒になり、たまに買い物をする繁華街に出て、まずは行きあたりばったりで見つけた店に入ってみようと決めた。

そうして敷居が高い高級店でもなく、寂れてもいない無難な店を見つけ、入ってみた。何人かの美容師と、何人かの客。とにかく、特徴のない人達と店内だった。

マイコさんには若い女性美容師がついてくれ、シャンプー台に連れて行かれた。そうしてシャンプーされている間、特に疲れていたのでも睡眠不足だったのでもないが、珍しく熟睡してしまった。そうして、夢を見た。

その夢もまた、今まで見たことがないものだった。第二次大戦と思しき戦時中で、空襲に怯えながら荒れた町を走ったり、暗い防空壕に隠れたりする。

美容師に起こされたときは、ああ、夢でよかったと心の底から安堵した。ところが、鏡の前に行くためシャンプー台の前の椅子から降り、息を飲んだ。

防空頭巾をかぶって薄汚れ、モンペをはいた女達や、怪我を負った顔色の悪い兵隊達がずらりと店内を埋め尽くしていたのだ。棒立ちになった自分が、正面の鏡に映っていないことにも叫びだしそうになった。

ところが、それらはふっと掻き消えた。シャンプーする前の、眠り込む前の、なんてことない店内と客、美容師達に戻っていた。髪が濡れた自分も、鏡の中にいる。

変な夢を見ちゃった、とは初対面の美容師にいえず、適当な会話をしながら切ってもらった。出来栄えもまた、可もなく不可もなく、だった。

それから一カ月ほどして、A店に行った。顔見知りの美容師が、いいにくいんだけど後頭部に何か所も脱毛、つまり小さな禿《はげ》ができていますといった。

その一カ月後にB店に行ったら、ひどく髪が痩せましたね、と眉をひそめられた。

あの初回の美容院で、猛烈な恐怖とストレスを伴う夢を見たからだろうか。

気になったマイコさんはまた例の繁華街に出てみたが、どうしてもあの美容院を見つけられなかった。ネットで検索しても、わからない。

しばらくすると禿は消え、髪も元通りの艶を取り戻したのだが。

夢の話

前回の続きではないが、夢の話だ。夢の話とノロケくらいつまらない話はない、という言葉を誰かに聞き、強く印象に残っている。さらに、一応は作家の私としては、夢オチは禁じ手というのも心得ている。

とはいえ、夢にまつわるおもしろい話、怖い話は確かにあるのだ。

同世代のタクシー運転手タケオさんもいっていたが、基本的に寝入っているお客さんの体に触れて起こすことはできない。耳元で声をかけるだけ。

「寝ぼける客、寝言いう客、別に珍しくはないですけど。こないだ乗せたのは、妙に怖かったなぁ。一見すると、とても普通の会社員。四十代半ばくらいかな。

乗せたときの態度、応対も普通だったんだけど。すぐに寝ちゃって、ものすごいアクティブにパワフルに寝ぼけて寝言いうの」

深夜でもなく酔ってもいないのに、その客は後部座席いっぱいを使ってどたばたと動き回り、実は起きているんじゃないかというほど明瞭にしゃべったという。

「どういう夢を見ているのか、場面がわかるんですよ。荒野で怪獣と戦って腕から出る光線でやっつけたり、川で釣りをしながら隣の幼なじみと夏休みの計画を話したり、異国に行く列車の中で迷って乗務員に必死の英語で語りかけたり。

その辺りはミラー越しにチラ見してても、なかなかおもしろかったんですが」

タケオさんもいたたまれない気持ちになったのが、淫夢に切り替わったらしい客の男が、エアセックスとでもいうのだろうか、性行為の動きを始めたのだ。

「さらに気持ち悪いのが、彼は女になりきっているんですよ。女として、夢の中の男と性行為をしている。でも、現実ではオッサンなんだから」

中年男性が、女のようにくねくねしながらアハンウフンあえいでいるのは、おもしろいといえばそうなのだが、気持ち悪さを通り越して怖くなってきたという。

「目的地が近くなって声はかけたんですが、起きる気配はない。ついに到着して、そこは高級でも治安が悪い所でもない、ごく普通の住宅街でしたが、やっぱり起きない」

停車してドアを後部座席のドアを開け、くねくねしながらアハンウフンいい続けているお客さんに、着きましたよ、とタケオさんは必死に声をかけた。

「そしたら、いきなり起き上がってつかみかかってきたんです。このチカン、変態、何すんのよっ、て。そのときの声が、作り声じゃなく完全に女。一瞬だけさわった感触、手触りも、柔らかくて完全に女でした。そこでお客さん、目が覚めて素に戻りましたが」

あのとき夢の中の女が、現実にはみ出してきたんですよ。タケオさんは、真顔でいった。

喰いあわせ

古来より、一緒に食べてはいけないとされる食べ物の組み合わせがある。根拠があるものも、迷信でしかないものもあるそうだが。鰻《うなぎ》と梅干、天ぷらとスイカなど。東南アジアでも、ドリアンを食べて酒を飲むのは危険だといわれている。

ある洗剤とある成分が含まれた入浴剤などを混ぜると、有害どころか死に至るガスが発生するというのもある。睡眠薬と酒を同時に飲むのも、かなり危ない。

同じ香水でもAさんがつけるといい香り、Bさんがつけると臭い、というのもある。体臭との相性なのだろう。違う香水だと、Aさんが臭くてBさんがいい匂いとなる。

単独でなら害がないどころか有益、便利だったり美味だったりするものが、あるものと組み合わさったら劇薬や危険物に変わるのは、人間関係にもある。

再婚した相手の連れ子を虐待といったニュースを見るたび、彼らも別の相手を選んでいればごく普通の人として一生を全うでき、自身の暗黒面を見ずに済んだのかとも思う。もちろん、不幸な組み合わせの最大の被害者は子どもだ。

まったく個人的で何の意味や根拠があるのか不明の組み合わせ、食い合わせもある。

私は趣味でクレー射撃をやっているが、あるチョコバーとある缶コーヒーを一緒に取ると、妙に命中率が上がる。違う組み合わせだと、当たらない。それに頼りきると真の意味での腕前が上がらなくなる恐れがあり、常にその組み合わせにするのは避けている。

うちの近所で食堂をやっているヨネヤマさんは、これも近所のラブホテルCの駐車場にある自販機で某メーカーの缶ジュースを買うと、必ず怪奇現象に見舞われるそうだ。

「ガコンッと缶ジュースが取り出し口に落ちると、同時に背中に何かが落ちてくる。大きさ重さは赤ちゃんなのに、振り向いて確かめなくてもじいさんだ、とわかる。絶対に見ないようにしても、笑っているのもわかる。そのまま一歩踏み出したら、ふっと消える。

別の日は、自販機を離れて百メートルほど歩いたら、俺より若いどこかの夫婦と小さな女の子がいて、『ぼくちゃん、どこ行ってたの。早くパパの車で帰りましょう』なんて手招きする。直感で、その車に乗ったら二度と帰れないとわかって猛ダッシュで逃げる。

また別の日は、家に帰ってソファに座った途端に金縛りに遭って身動き取れなくなって、目の前の壁に映写機もないのに鮮明に嫌な動画が映し出される。どこか見知らぬ暑い国で、現地の大勢の人達が一人を取り囲んで、タイヤを首からかけさせて火をつける。

のたうち回る犠牲者の悲鳴とタイヤが焦げる臭い、炎の熱さ、俺まで燃えてる気にさせられる。ふっとすべてが解けたとき、口の中にあの缶ジュースの味が広がってる」

見知らぬ人

趣味と実益を兼ねて、わりと誰かれかまわず、何か怖い話はないですかと聞いてしまう。

初めてお会いした同業者のモリ先生は、こんな話をしてくれた。

「私は志麻子さんと違ってテレビは出ないし、あまり雑誌やＳＮＳでも顔を出さないようにしてるから、街なかで見知らぬ人に声をかけられることはないのね。

それが先月かな、疲れてたんでマッサージに行っての帰り道、いきなり見知らぬ中年女性、そうね、だいたい私達くらいの人に立ちふさがられたの。

むくんだような丸顔で、私達が娘さんの頃に流行《はや》った、前髪を立たせたロングヘア。くちばしみたいに、口をとんがらせてしゃべる。

『あんたのせいで旦那に嫌われちゃったじゃないのよ、どうしてくれるのっ』

自慢じゃないけど、三十年くらい旦那以外の男との色恋沙汰はないわ。でも、ときおりその手の人からの手紙やメールが来るの。

志麻子さんも身に覚えあるだろうけど、勝手に小説のモデルにされただの、盗作されただの。そんな事実はなくて、その人達の妄想、思い込みなんだけどね」

あ〜、よくありますよ、と合いの手を挟んだ。私はテレビに出ているので、テレビで岩井志麻子に秘密を暴露されたと、見知らぬ人が局まで来たこともある。

「これも不思議というか不気味なんだけど、とっさに私は彼女にヨシコさんと呼びかけてたのね。繰り返すけど見知らぬ人、初対面の相手なのに。ヨシコさん誤解です、って。

彼女はわあわあ、訳わかんないことをわめいた後、これまたいきなりわあっと泣き出して、背中を向けて走り去っていった。残された私は、ポカーンとしてたんだけど。

翌日、仕事である社長さんに初めて会ったからこの話をしたら、彼もポカーンとしたわ。

『ヨシコ、ですよね。この人じゃないですか』

彼がスマホに保存してある画像を見せてくれて、びっくり。まさにヨシコだった。

この人ですと叫んだら、彼はなんともいえない顔をしたわ。

『ヨシコは、前の前の妻です。でも、二十年以上前に子宮癌で亡くなってます』

二人して、しばし沈黙。本当に私は、社長さんとは初対面。ヨシコさんとは私が忘れているだけで、もしかしたらどこかで会ってたのかもしれないけど、社長さんを挟んでそういう関係になったことは、絶対にないわ。

しかも、死後二十年も経って出てくるなんて。結局、社長さんとはその後も何もないわ。今のところ、だけどね」

今後、社長さんと何かあれば怪談になるが。このまま何もない方が、怖い気もする。

一番怖い

私より一回りほど若いスナックのホステス、メイコさんは片方の耳が聞こえない。

「若いとき、ちょっとヤンキー入ってたんですよ。そんな本格的なワルじゃなくて、不良に憧れて真似してるくらいの可愛いもんでしたが」

そんなメイコさん達がよくたまっていた地元のパーキングエリアの駐車場に、いくつか不穏な噂、不気味な話があった。

「女子トイレの一番奥に首吊ったままの幽霊が出るとか、屋上から飛び降りて死んだ高校生が、頭割れたまま夜中にうろうろしているとか、花壇にバラバラ死体が埋まってるとか。どこにでもある定番の怪談、といえばそうなんですが。

そんなんより嫌なのが、痴漢とか車に傷つける奴とか、生きた人間系の話ですよ」

あるときから、こんな噂が出回り始めた。車の中から近くを通りかかった若い女だけに、道を教えてくださいと呼びかける。立ち止まってくれたら、ドアを開けて膝の上に広げた地図を見せる。女が身を乗り出してきたら、引きずり込んで押さえつける。

当時はカーナビもスマホもなく、防犯カメラも数は少なかった。駐車場には、かなりの死角もあったのは確かだ。

「車内には男が数人隠れていて、女をさらって近隣の山に連れてってって、集団で性的暴行を加えてそのまま山に捨てる。って、わーっと広まったんですが、都市伝説のパターンとして、私はやられました、って当事者の体験談、本人の証言がないんですよね。

完全に被害者なのに、被害に遭ったことをいいにくい、って気持ちもわかりますが」

女としての怒りに、郷土の治安を守ろうというヤンキーなりの正義感も加わり、メイコさんはわざと一人で駐車場をぶらつき、不審な車から声をかけられるのを待った。

今日も怪しい奴はいないな、友達とビール飲んで帰ろうかと思いながら、駐車場をぶらついていたら。いきなりそばの車のドアが開いて、あっという間に引きずり込まれた。

一言も発するまもなく車は発進し、そこから記憶は飛び飛びになり、真っ白と真っ黒を繰り返し、パニックになったメイコさんは無我夢中でドアを開け、転がり落ちた。

道路に叩きつけられたメイコさんを置き去りにし、車は走り去った。

「一時は、生死の境をさ迷いました。こっちの耳たぶが千切れかけて、あごの下までぶら下がってたらしいです。でも、ご覧のように片方の聴力は失ったけど生還しました」

後日、偶然にもメイコさんと同郷だったという男性に会った。

「あの話、メイコは一番怖い部分を省いて話すよね。実は車の中に、メイコの父親もいたんだよ。しばらくして、そいつら捕まって新聞に実名みんな出たから確かだよ」

あの象

若手芸人のユウキくんは、親の仕事の関係で何年か東南アジア某国に住んでいた。

「あれは南国特有のタクシー、っていうより、バスに近いかも。小型トラックの荷台に、大勢の客を乗せるんです。普通のタクシーより、ぼくにはそっちの方が楽しかった」

私も乗ったことはある。南国の風と太陽を受けながら、街と一体化する感覚は楽しい。

「あるとき、親と街に出て何かの拍子に、ぼくは一人でひょいっとそれに乗ってしまったんです。気がついたときは、かなりのスピードで走り出してました。

乗客の、どの家族かの子と見られたんですね。Tシャツ短パンで日焼けして、現地の子にしか見えなかったし。誰も、親とはぐれた異国の幼児とは思わなかったんです。

ものすごい速度で親から離されていくのに、ぼくはボケーッとしてた。当時から、ボケ担当だったんです。ってのは、さておき。

その国は、象使いがいるんです。芸を仕込んだ象が、あちこちのお祭りや劇場にいる。

ぼくは座席になってる荷台の一番後ろにいて、柵というか手すりにつかまりながら、後ろに流れていく風景を見てましたが、不意に巨大な象の顔が間近に迫ってきたんです。停留所に停まったときじゃなく、走ってる最中にです。

大きな真っ黒な象の目と、ぼくの目が合いました。普通に考えれば、それはないんですよ。象もトラックと同じ速度で、走ってなきゃならないでしょう。

またふっと、象は消えました。そのとき、親がぼくを引きずり降ろしたんです。

『ユウキ、ダメだろ、一人で乗ったら。運転手さんごめんなさい、私達は乗りません』

親によると、僕がよじ登ってトラックが行きかけたところで気づいて、あわててストップかけて事なきを得たそうです。だから、ぼくは遠くに走り去ってないし、あの象とも会ってないんですよ。だけどぼくは、あの象の目をはっきり覚えてます」

それから帰国した彼は、特にあの国とも象とも関わることはなく、月日は流れた。

「大学出て就職したけど、どうしても芸人になりたくて養成所に通い始めたとき、今の相方のヤマちゃんに会ったんです。目が合った瞬間、あのときの象だとわかりました」

これについてヤマちゃんに聞いてみたら、苦笑してこんなふうに答えてくれた。

「その国も行ったことないし、ましてや象だったこともありませんが。ぼくも不思議な象を見てます。ユウキの場合は、確かに象が街を歩いてる国じゃないですか。

ぼくは小学生の頃、禁止されてた学校の屋上に上がって、夕焼けの中を象が悠然と誰かを乗せて歩いているのを見ました。絶対、何もかもあり得ないことなんですが。

ユウキと初めて会ったとき、あの象に座ってた奴だと直感しましたね」

安アパートで

いかにも良家の奥様風のカオリさんだが、若い頃は安アパートにも暮らしたそうだ。

「そのアパートに入居した翌年、隣にも新しい人が入ったんです。なんか陰気なおばさんで、毎日のようにドアを叩かれ、顔を出すといきなり怒鳴られました。

あんたの部屋が臭い、たまらない臭いがこっちまで来る、って怒り狂ってるんです。

でも、掃除して食べ物も溜めこまず、ゴミも指定された日にきっちり出して、特に匂いが強い料理もしてないし、動物もいない。もちろん、毎日お風呂は入ってたし」

反対側の隣の人、階下の人にも文句などいわれたことがない。友達を連れてきても、まったく臭くないという。そういうおばさん自身が、いつも酸っぱい臭いを漂わせていた。

それでもカオリさんは怖くて反論、反撃なんかできず、すみませんというしかなかった。

そんなある日、カオリさんは大家さんに相談した際、隣のおばさんがナカツカという姓なのを知る。表札を出していなかったので、そのときまで知らなかった。

「ナカツカって姓はそんな珍しくもないけど、タナカさんヤマダさんほどありふれてもいないでしょ。ナカツカ、なんか覚えがあるなぁと引っかかったんです」

同級生じゃなく、先生じゃなく、実家の近所の人でもなく、と考えるうちに、

「あっと思い当たって、ぞっとしました。子どもの頃、同じ市内に耳鼻咽喉科の医院があったんです。そこがナカツカ医院だった。私は耳鼻科にかかることはなかったんで、ナカツカ医院も行ったことがなかったんです」

そのナカツカ医院で、惨劇が起きる。医大に通う姉を、浪人中の妹が殺害。死体をしばらく自室に隠していた。腐敗臭に気づいた母親が、発見したのだった。

「当時はすごく騒がれましたが、一段落したら平然と治療を再開してたって話題になりました。妹は確か十年くらい服役したはず。もう出所してるでしょうが。

なんかすごくもやもやするものがあって、母に電話しました。そしたら……」

ナカツカ医院は医者の父親が亡くなると医院は廃業、母は自殺。妹はまったく所在不明。地元の知人に確かめてもらったら、ナカツカの娘はナオコという名前なのがわかった。

「大家さんにさりげなく探りを入れたら、隣のおばさんもナオコさんでした。それも怖いけど……臭いっていうのは、自分が嗅いだ姉の腐りゆく死体の臭いだったのかな」

すぐ引っ越したカオリさんだが、もう一つ怖いことがあるといった。

「計算してみたら、あの頃のナカツカさんて三十そこそこなんですよ。娘さんといっていい年頃でしょ。でも、五十半ばの志麻子さんより上に見えました。なんとなく、殺したお姉さんの分まで歳を取っていってたのかなぁと思います」

不思議な橋

都内で介護職をしているキサカさんは、我が故郷ほどに草深い田舎から出てきている。

「実家の近所に、不思議な橋がありました。幅が十メートルあるかないかの小さな川にかかってて、一応はうちの村と隣村をつなぐ、境にあるんです。でも、名前すらなかったんじゃないかな。かなり昔からある橋なんですが」

キサカさんは、もう父方も母方も祖父母はいない。ご両親は故郷に健在で、兄夫婦が跡を継いでいる。キサカさんはまだ独身だが、兄夫婦には成人した息子と娘がいる。

「うちは曽祖父母も含め、ご先祖に親戚一同、みんなその橋で変なものを見ています。

頭が犬で体が人間、透き通った狐、案山子と人間が溶け合った謎の妖怪、とうに死んでしまった昔の知り合い、それらが橋の上で踊ってたり、たたずんでいたり、すれ違ったり。

父方の祖父は、橋の下を江戸時代の舟がゆるゆる流れていくのを見たというし。父の兄は、すべてが真っ白な女が欄干の上でくるくる回っているのを見たって。母は、橋桁《はしげた》に十メートルくらい引き伸ばされた人間が巻きついているのを見たそうです。

兄とぼくは、一緒に歩いていたら川から出てきた無数の手に足を引っ張られ、転ばされました。兄嫁も、欄干からタイヤほどある目がのぞいているのを見たそうです。

甥っ子も、いきなり橋が溶かした飴みたいにべたべたになって転んだというし。姪っ子も、目の前を狐が横切ったと思ったら金縛りに遭って、しばらく動けなかったって」

えっ、そんなすごい橋なら私も行ってみたい、といったら。

「それが、その橋の怪異はキサカの姓を持つ者しか体験できないんですよ。うちから嫁に出て姓が変わった妹は、どんなに橋を行き来しても、ぴたりと怪異は起こらなくなったし。兄嫁は兄と交際中は何事もなかったのに、結婚してキサカ姓になった途端、あれこれ見るようになった」

だからどんな怪異が起きても故郷では、あの橋は怖い、変だという噂は立たないのだ。

「よっぽど、キサカ家と因縁の深い橋だと思うでしょう。それが、何もないんです。どんなに調べても、あの橋とキサカ家の関係、つながり、一切ないんです」

そんなキサカさんが今、憂いていることがある。

「父方の従妹に、ちょい変わり者がいるんです。どういう経緯か詳しいことはわからないんですが、無期懲役刑で服役中の殺人犯と獄中結婚しちゃった。

その殺人犯は、キサカ姓を名乗ることになりました。だけど彼は高齢で病弱で、生きて出てこられるかどうかわかりません。あの橋を渡ることはあるのかな。もしかしたら死後に、あの橋で怪異を起こすものの一味として転生するかもしれないな」

呪いをかける

呪い、祟りといったものが本当にあるのかどうか、半信半疑だ。といって、わざわざ呪われる祟られるといわれているものに乱暴狼藉を働く、喧嘩を吹っかけるような真似は怖くてできない。ということはやっぱり、信じているということか。

アラフォーになってしまったジュンコさんは出会い系で会った若きイケメンIT社長といい仲になり、結婚の約束もした。と、ここまで読んだだけでもう、ジュンコさんだまされている、とピンとくる人も多いだろう。その通りである。

実は無職の彼はいわゆるヒモで、かなり年上の奥さんに食べさせてもらっており、彼名義の財産はなかった。彼が使うカードの代金は、奥さんの口座から引き落とされていた。奥さんと別れてジュンコさんと再婚する、という選択肢は彼の中になかった。

弁護士に相談したら、慰謝料がもらえるどころかジュンコさんの方が奥さんに請求されるといわれた。さらに、ジュンコさんには不利なことがあった。ジュンコさんもいろいろ嘘をついていた。有名企業OLではなく風俗嬢で、歳も一回りサバ読みをしていたのだ。

心身ともに傷ついたジュンコさんだが、現実的な仕返し、復讐の方法がない。それで思いついたのが、呪いだ。ネットや本で調べ、実行可能なありとあらゆる呪いをかけてみた。

しかし彼と奥さんのＳＮＳをこっそりチェックしても、効果のほどは微妙だった。彼が自転車で転んだとか、奥さんが果物ナイフで指を切ったとか、呪いが効いたといえばそうなのかな、となるが。そんなのただの不注意だろ、で済むともいえる。

ついにジュンコさんは、かなり高額なお布施がいるが、効果はすごいというアジア某国にある陰廟、裏の寺院と呼ばれる所を見つけ出し、そのためだけに某国に渡った。

いかにも怪しげな寺に高額のお布施を納め、陰の気を発している祈祷師と謎の呪文を唱えた。祭壇の妖しい狐が、ひくひくと動いたように見えた。

祈祷師は片言に近いが、日本語ができた。それによると、呪いをかけた側にも何らかの呪い返しがあるが、それが大きければ大きいほど相手側に与える呪いも大きいそうだ。

帰国した翌日、ジュンコさんが熟女風俗店の面接を受けるために繁華街を歩いていたら、突然ものすごい衝撃と音が体を突き抜け、意識を失った。

近くのビルから彼の奥さんが飛び降り、ジュンコさんを直撃したのだ。ジュンコさんは肩と腕の骨を折る重傷。奥さんは亡くなった。奥さんも心を病んでいたのだ。あるいは、呪い、祟りが効いたのか。

ただ肝心の彼は奥さんの遺産をもらい、すぐに若い女と再婚した。今度は足の骨を折ってもいいから彼に呪いをとジュンコさんは張り切っているが、彼には効かない気もする。

迷惑な誤解

ホラー大賞をいただいてホラー小説を書き、テレビでも怪談を語るコーナーなど持たせてもらっているため、よく誤解されることがある。霊感が強いだろう、と。

けっこうあちこちでしゃべったり書いたりしているが、霊感など欠片《かけら》もない。

さて。腐乱死体や幽霊、魑魅魍魎《ちみもうりょう》にグロテスクな生物をモチーフに絵や彫像を作っているアイダさんは、そこのところを除けばまったくもって普通の感覚を持つ温厚な女性だが、作品のイメージから地下室でロウソクの炎で生活している、みたいに思われるという。

「ＳＮＳで作品を紹介したり、個展は開いているから、それを見たちょっとアレな人達からの怖いメールや手紙は、わりと日常茶飯事だったんだけど」

あるトークイベントに出たら、最前列にちょっと変わった客がいた。女装した男だ。その女装が中途半端というのか、雑だった。ひらひらしたワンピースにハイヒールなのに、髪型と顔は男のまんま。黒縁眼鏡で短髪で、化粧もまったくしていない。

トークが終わると、彼はデパートの手提げ紙袋から箱を取り出し、押し付けてきた。

楽屋で開いてみたら、雀《すずめ》の干乾びた死骸がぎっちり詰められていた。すぐスタッフに処分してもらったが、添えられた手紙を見たら嫌がらせではなく、

「アイダさんは絶対、こういうものがお好きでしょう。苦労して集めました」

などと丁寧な字で書いてある。もうしばらく人前に出る仕事はないので、彼にも会わないだろうと思っていたら。自宅の玄関ドアのノブに、例のデパートの紙袋が引っかけてあり、中にこれまた干乾びたドブネズミの死骸が入っていた。

管理人に知らせ、防犯カメラに映っていた彼を特定し、この人を入れないでくださいと頼んだ。防犯カメラには上半身は男の格好のまま、スカートをはいた彼が映っていた。

何日かしてマンションから出たら、彼が待ちかまえていた。今度は白いシャツから赤いブラジャーが透けていた。固まるアイダさんに例の紙袋を押しつけ、

「私が産んだけど、ちゃんと育たなかったの。アイダさんなら可愛がってくれるわね」

これだけいって、立ち去ろうとした。ちらりと見たら、何かわからないが哺乳類の胎児みたいなぶよぶよした肉の塊が入っていた。途端に、猛烈な怒りが湧いた。

背後から襲いかかり、むちゃくちゃに殴りつけた。こんな凶暴性、暴力性を発揮したのは生まれて初めてだった。気がつくと、警官に囲まれていた。

彼も暴力は訴えず、アイダさんもストーカー行為はこれで止めるなら許すとなり、刑事事件にはならなかった。彼は親が引き取りに来た。それっきりとなったが、アイダさんの作風は変わりなく、アイダさんの普通の暮らしぶりも変わりない。

事故物件

先住者が自殺した、殺人現場になった、といった部屋は、以前は「値引きしてもらえるなら住む」「高くは売れない」といった情報や査定の場で、密かに語られるものだった。

昨今、不動産の世界におけるそれら「事故物件」は、怪談の一つのジャンルを形成している。事故物件に住むことをネタにしている芸人もいるほどで、彼とは一緒に事故物件巡りもし、なるほどこのような世界があるのだなと慄《おのの》いた。

私自身は田舎の子なので持ち家にしか住んだことがなく、二十年前に上京して初めて賃貸マンションに住んだが、当時は事故物件はあまり話題にはされていなかった。

そのマンションの先住者もまったく気にはならなかったし、怪異もなかった。次に住んだのは、今も暮らす歌舞伎町のマンションで、ここは新築のものを購入した。岩井志麻子が住んでいるだけで事故物件ともいわれたが、そうかもしれない。

ただ歌舞伎町という場所柄、周りに事故物件がありすぎる。その中で興味を持ったのは、わりと近所にあるマンションだ。一昨年の夏、全国ニュースになる事件もあった。

ここは大通りに面して似たようなマンションが三棟並んでいるが、両脇のマンションはしょっちゅう自殺や殺人未遂、不審死がある。真ん中のマンションだけ、何事もない。逆に、何事もないのを不気味がられているほどだ。

その真ん中のマンションに住む女性に、話を聞くことができた。

「実は、ロンダリングのバイトをしてました。ご存じのように事故物件は次の入居者にそれを告げなきゃいけませんが、次の次の人には告知義務はないんです。だから事故物件ができたら『次の人』を雇って、短期間で出ていくのを前提に住まわせる」

三度ほど事故物件に入ったが、特に怖いこともなかったそうだ。それが今住んでいる部屋は気に入ってしまい、バイトを辞めて本当に長期の契約をしてしまったという。

「あるとき、いつものように換気しようと窓を開けたんです。そうしたら、うわーっと緑のジャングルが広がってました。現実に、ジャングルなんか行ったことないんですけど。日本の山林、山道とは全然違う、南洋の椰子《やし》の葉が茂るジャングル。

ちなみに十階なんですが、目の前を獣道っていうのかな、湿った土の道が延びてました。びっくりするより、見惚れてしまいました。すごい原始のパワーが漲《みなぎ》るっていうのかな、むき出しの生命力があふれて。でも、瞬きしたら消えました。

そのジャングル、毎日は現れてくれません。一週間に二、三回。もしかしたらこれって怪奇現象、やっぱり事故物件なのかも。先住者との関連性も不明ですけどね」

ともあれ彼女は、そのジャングルのために住み続けているそうだ。

あの子が来る

前の話とは直接的な関係は何もないが、中堅芸人ナオキくんの体験談は唐突な窓辺の怪異、というのが共通している。

まずは小学生の頃、朝から具合が悪かったが給食のカレーが食べたくて無理に登校、しかし給食時間の前に発熱し、とりあえず保健室で寝て様子を見ることとなった。

「カレー食いたい、とか思いながらふっと顔上げたら、校庭に面した窓から女の子がのぞいてたんです。でも、どう見ても幼稚園児かもっと下。顔だけで体は見えない。でも、なんか変だなと思った。窓は当時のぼくが立って、それこそ顔が出るくらいの位置にあったけど、あんな小さい子だと手も届かないんじゃないか。

その子とぱちっと目が合ったとき、熱のせいだけじゃなく背筋がぞくっと冷えた。なんだろ、黒目がにじんで白目と混ざって灰色になってる感じでした。

ヤバイ、目を逸らして布団かぶって寝ようとしたら。ベッドの端っこに、その子が座ってるんです。ドアの方を向いてて目は合わなかったけど、全身がバーンと板みたいに固まった。その子が振り向くか振り向かないかの瞬間、ふっと消えました。

誰にも、このこといえなかったです。いったら、またあの子がやってきそうで」

それから月日は流れ、ナオキくんは高校を出て専門学校に入り、一人暮らしを始めた。

「ボロアパートだったんですが、そんなトラブルもなく、迷惑な隣人もいなかったです。それがある夜、顔色の悪い陰気そうな、でもなかなかきれいなお姉さんが突然やってきて、『うちの子がお邪魔してませんか』というんです。なんかぞくっとした瞬間、窓が勝手に開いて、確かに目には見えない何かがピョンと外に飛びだしたのがわかりました。あの子だと直感したすぐ後、もう女の人もいなくなってました」

さらに月日は流れ、ナオキくんはテレビの仕事で某国に行った。

「到着が真夜中で、すげぇ疲れてたんで風呂も入らず寝ることにしたんですが。なんか窓のカーテンの向こうがちらちら明るいっていうか、まるで向こうにテレビが置いてあるみたいな色彩が見えるんです。なんだろとカーテン開けたら」

地獄の絵巻物に出てくる餓鬼《がき》みたいなのが、数百、数千、わさわさ蠢《うごめ》いていたという。しかも顔がみんな、あの女の子だった。

「反射的にカーテン閉めました。んで、ここは道教、仏教の盛んな国、さらにここは老舗のホテル、さっきのは外国人客向けのサービス、アトラクション、と無理やりすぎる理屈で自分を説得させて寝ました。その後は、特に何事もなく寝られました」

もうそろそろまたあの子が来そうな気もしますと、ナオキくんは私の背後の窓を見た。

王子

　ある南国で出会ったノマさんは、嘘やホラでなく本当に金持ちの子で有名大学を出た好青年だった。てっきり有名企業の駐在員か、自身で起業して成功している人だと思った。ところが彼はそのスペックなのに、バックパッカー崩れや日本にいられなくなって逃げてきたような人達がするような単純バイト仕事をしている。それをさりげなく訊ねると、

「冤罪《えんざい》、といったらそうですが、ぼくの不注意、優柔不断さが招いた結果です」

などと言葉を濁す。それでも酒が入ると、ため息をつきながら吐露を始めてくれた。

「東京にいた頃、親しい王子がいたんです。もちろん本物の王子じゃなく、あだ名です。ものすごい整形して不気味なマネキン人形みたいになってたけど、本人は絶世の美男のつもりで、お取り巻き達もイケメン扱いしてました。

　王子は名門の富豪の息子と称してましたが、もちろん闇の仕事、裏稼業で荒稼ぎしていた、元は得体の知れない人です。ぼくはよく、彼のパーティーに呼ばれてました。

　ありふれた、その手のパーティーですよ。どこでも平気で裸になる若い美女と、その場で回される違法薬物、彼らは王子のカモでありお得意様でもある。

　でもぼくは、薬は少々たしなんでも、女は絶対に手を出さなかった。自制心、警戒心じゃ

ないです。ずばり、ぼくは生きた女に興味ないんです」

ああ、ゲイなのね、でも映像や漫画の中の女は好きなのかな、と解釈した。

「ところが女の何人かが、拉致監禁されて集団暴行されて違法薬物も強制された、と警察に駆け込んだんです。裏で仕組んだ商売敵や、被害者の会みたいなのがいたのかも。

王子は逮捕されて、実名も報道されちゃった。ぼくは名前こそ出なかったけど、当時勤めていた会社が有名だったんで、あそこの社員も参加してた、みたいな報道が一部でされて、たちまち会社でも話題になり、ぼくだと特定されました。

事情聴取はされたけど、親のコネと金でぼくは示談成立、会社もクビは宣告されなかったものの噂が広まって、その噂もどんどん大げさに膨らんでいった。王子は多くの余罪があったんで、今も塀の中です。ぼくは心機一転、更生しようとこっちに来ました」

後日、これまた日本にいられなくなってこちらにいるシバさんにノマさんの話をしたら、

「まったくの嘘じゃないけど、ごまかしてること、隠してることといっぱいあるよ。あいつ、生きた女に興味ないといったでしょ。死んだ女は好きなの」

死体好きなんですかと仰天したら、シバさんは小指がない手をヒラヒラさせて笑った。

「いや、薬で仮死状態にした、死体みたいな女とはヤるの。王子んとこでそれをさんざん楽しんだ後にこっち来たのは、こっちなら本物の死体とヤれるからだよ」

妄想復讐

キノさんは申し訳ないが、小柄で眼鏡で気弱そうで、のび太、魔太郎といった有名いじめられっ子キャラそのまんまの見た目と雰囲気だった。

勉強はできたので農業系の研究所に入り、今は平穏な日々を過ごしている。

しかし、ふっといじめっ子達との過去が蘇り、怒りと屈辱に体が震えるときがある。

そんなときは格闘ゲームで、憎い奴の名前を付けた悪者をぼこぼこにする。あるいはホラー映画などで見た残虐な場面を自身の妄想に取り入れ、脳内で奴らをねちっこく嬲《なぶ》り殺しにする。もっと現実的に、夜道で鉄パイプかバットで殴ってやろうかとも妄想した。

そんなある日、キノさんは十時ちょうどに休憩を取ろうと廊下に出て、自販機で缶コーヒーを買おうとしたとき異様な目まいに襲われ、耐えられず倒れ込んだ。ガコンッ、取り出し口に缶コーヒーが落ちる音が聞こえたのは、覚えている。

助け起こしてソファに座らせてくれたのが、まったく見知らぬ中年男性だった。ダークな色合いのスーツ姿で、研究所の関係者ではない雰囲気だ。彼は淡々と、

「私は警察官です。あなたを大量殺人の容疑で捜査に来ました」

と、寄り添う格好のキノさんに囁いた。キノさんは、えっ、あれは妄想の中のことです

よ、ともいえず、しまった研究所もクビになるな、とか、憎い奴の彼女に性的暴行をした妄想も罪に問われるのかと、様々な考えが浮かんでは消えた。ところが自称警察官は、

「でも私も面倒くさいんですよ、こんな捜査。なかったことにしてあげてもいいです」

などと本当に面倒くさそうにいい、立ちあがった。ふと、缶コーヒーを持っているのに気づき、よかったらどうぞと差し出した。自称警察官は受け取ってから、立ち去った。

ふっと我に返ると、廊下のソファに一人で座っていた。買ったはずの缶コーヒーは、手の中にも自販機の取り出し口にもなかった。そして、時計を見たら十時ちょうど。一連のあれこれは、一分以内に起こっていたのか。それともすべて脳内で起きたことか。

「でも、あのときから何かがおかしいんですよ、やっぱり。かつてのいじめっ子達に何かあったって噂もないんですが、久しぶりに同窓会に出たんですね。なんか気になっちゃって。そしたら、いじめっ子達が見事にみんないない。

「キノさんは昔から、怖い雰囲気あったもんね。ただ者じゃないのは、わかってた」

などと、普通につき合っていた同級生らは嫌味やいじめではなく、真顔で愛想笑いをしてくる。しかしいじめっ子達のその後について訊ねると、みんな顔を伏せ、目を合わせないようにし、なんとかごまかそうとした。

どうもキノさんは洒落にならない復讐をしたらしく、しかし本人は記憶にないのだ。

一番の祟り

アダルト系の女優をしているエミコさんのお母さんは、私と同い年だという。

「母は若い頃からお堅くて、間違いなく父以外の男を知らないですね。でも、母の姉はヤリマ……あ、いいえ、奔放っていうのかな、男関係が激しかったみたいです」

エミコさんからいえば母方の伯母さんは結婚と離婚を繰り返し、借金まみれになって酒に溺れ、心身ともに弱っていった。できた妹であるエミコさんの母だけが心配して、あれこれ面倒を見ていた。

「高校の頃の冬休み。一週間以上も連絡がつかないと母がいい出して、二人で伯母さんが一人暮らしをするアパートに行きました。もう、玄関先の臭いでわかりましたよ。

体液で茶色くなったベッドの上で、伯母さん二倍くらいに膨れ上がってました。母はパニックになってたんですが、私は妙に落ち着いてました。

以前から、いいな欲しいなと思ってた、伯母さんの黒いシルクのカーディガンが椅子にかけてあって、それもらっちゃった。

死体から剥いだんじゃないですよ。形見にもらっただけ。母は慌てていたから、私が伯母さんのカーディガン着ていることにも気づきませんでした。

それより、伯母さんがどうも母が作って持ってきたお雑煮を喉に詰まらせて死んでたとわかって、その罪悪感と後悔でボロボロになってました。

伯母さん、私達を恨んでたのかなぁ、化けて出ましたよ。まずは葬式の翌日から、例の黒いカーディガンにウワーッと変なキノコが生えてきたんです。伯母さんの養分を吸ってたんでしょうか、キノコは死んでたときのオバサンみたいな形でした。

もったいないけど、変な臭いもするんでカーディガンは捨てました。

それから、消してあるテレビの画面にふわっと伯母さんが映って、口パクパクしてるの見ました。隣にいた母も、見たようなんです。母は固まって、目と口をぽかんと開けてましたから。伯母さん、すぐに消えましたけどね。

伯母さん出たねと母にいったら、そんなもの見てないと激怒。伯母さん確かに、餅、餅、といってました。

でもねぇ、伯母さんそのとき薬と酒も飲んでたみたいなんですよ。母のお雑煮のせいだけにしないで欲しいわ。だけど一番の祟りは、私がこんなになったことでしょうかね、生活から男関係から、あらゆるものが伯母さんに似てきたんです。

ていうか、母がお雑煮を作ったのは、もしかしたら伯母さんが喉に詰まらせて死ねばいいと密かに思っていたからじゃないか、って気もしますね」

耳

友達に機械で彫ってもらったという、腕のちゃちな犬の刺青を見てもわかるが、ワカイチさんは本格的な反社会的勢力の人ではない。半グレ、というやつか。

ある怪談イベントに客として来て、語り手に何か質問があるかと挙手を求めたら、ワカイチさんがなかなかキャラが立っていておもしろい対話ができたので、終わった後の打ちあげに誘ってみたのだ。

「うちの家、ほんとヤバかったですよ。父親は組長やってるばりばりの本物だったし、腹違いの兄貴は薬物中毒、母親は変な新興宗教にハマッたあげくに自分が神様だなんてものすごい妄想を抱くようになって、これまた腹違いの妹は自殺未遂が趣味」

怒ったらお父さんは日本刀を振り回し、額に刺さったこともある。兄さんには殺し屋と間違えられて、ゴルフクラブで滅多打ちにされたこともある。

お母さんには子どもの頃、悪い狐が憑いていると水風呂で溺死させせられそうになったし、妹はしょっちゅう血まみれになって暴れていた。

「毎日、順繰りに誰かがおかしくなって暴れる、騒ぐんだから、気が休まる日がなかったです。静かに暮らしたいなぁ、みんな死なないかなと願ってました」

本格的な殺意を持ったり殺害計画を練ったりしたわけではないが、やけに生々しい臨場感あふれる夢を見るようになった。家族を殺して、死刑になる夢だ。

「執行されたことはないですね、夢の中で。裁判所で判決が下される。独房にいて刑務官が近づいてくる足音を聞く。てなところで目が覚めるんです。

その夢が嫌なのは、夢の中で俺が殺した家族の幽霊が出てくるんですよ。それが姿は見えなくて、みんな音で表される。父親が日本刀を振る音、兄貴がゴルフクラブで壁やドアを叩く音、母親が俺を突っ込んだ浴槽の水音、妹が睡眠薬を吐くげぇげぇいう音。

目が覚めると、ちゃんと姿のある家族がそんな音を立てている。寝ても覚めても、嫌な音。ところがある日、現実は静かになる」

父親がくも膜下出血であっさり死に、兄貴はチンピラと喧嘩して刑務所、母親は信者の男と駆け落ちして行方不明、妹は飛び降りたけれど死にきれず、意識不明のまま入院中。

「なのに、夢の中では相変わらずみんなうるさくて、俺は誰も殺してないのに死刑に怯えてる。だから、友達にこんなのも彫ってもらったんです」

そこでワカイチさんはシャツを脱いで、背中の刺青を見せてくれた。やっぱりちゃちな、けれど妙に生々しい「耳」が大きく彫られていた。

「こいつが聞いてくれるんで、俺の耳に届く嫌な音は小さくなりましたよ」

不気味な老婆

自称ジャーナリストのヤスミさんが話題にしたその女は、八十年代にちょっと活躍してすぐ消えたアイドルのショコラだ。私も、なんとなく覚えている。私と同世代ですよね、といったら、ヤスミさんもちょっと嫌そうにうなずいた。

容姿そのものは凡庸だったが、アイドル歌謡曲を歌っているのに髪を緑色に染めただけで私は本格派ロック歌手といい張ったり、いきなり無知な政治的発言をしたかと思えば天使に毒素を出してもらってると笑い出したり、いわゆる不思議ちゃんキャラだった。

「某駅前のビルにあるフードコートに、不気味なお婆さんが来るとネットで噂になってたんです。それこそ八十年代アイドルみたいなひらひらの服装なのに、顔も首筋も手もシワシワで、腰まで伸ばした傷み切った髪の毛は半分以上が白髪。

いつも一番安い紅茶を注文して、一番奥の椅子にかけている。夜の七時から九時まできっちりいて、ひっそり帰って行く。ときおり意味なく、店内をうろうろしている。

あるときから、そのフードコートに行くと具合が悪くなる、と噂になった。すべての人ではなく、毎回ではない。ただ、例の老婆がいるときに限られると噂になった。

その老婆は昔アイドルだったらしい、みたいな噂にもなってて、なんかネタになるかとリサーチに行った。そしたら本当に不気味な老婆がいて、よくよく見たらショコラだよ。隣に座ってさりげなく観察してたら、すりきれたブランド物のバッグをやたら開け閉めしている。これもすりきれた昔のブロマイドが入ってて、それがやっぱり八十年代に人気だった俳優Kだとわかった。そういや昔、ショコラは彼と噂になってたんだ」

その後のヤスミさんの取材によると、やはり不気味な老婆はショコラで、Kと待ち合わせをしているらしい。ヤスミさんは、誰もが見て見ぬふりをするショコラに話しかけたのだ。変わらずきれいだといったから、ショコラは心を開いてくれたらしい。

「でも、ショコラはヤバかった。もちろん俳優Kはとっくに結婚して孫もいる。ショコラはいろいろ不幸が重なって心身ともに弱っていたんだけど、何かの拍子に妄想に取り憑かれて、今もKと付き合っているというふうになってった。

バッグの中にはKにもらったお菓子が入ってて、それを適当に見知らぬ人の飲み物にちょっとずつ入れてた。何かの呪いなんだろうけど、そのお菓子も八十年代のだよ。そりゃ混ぜられて飲んだ人は、具合も悪くなるって」

いつか防犯カメラの証拠を突きつけられて捕まると忠告し、次回ちゃんと話を聞くと名刺を渡して別れたのだが。帰宅したらいつの間にかカバンに、例のKのブロマイドが入っていて、裏に「恨む」と赤ペンで書いてあり、その禍々しさに本気で怖くなった。

老婆とその後

前の話の続きなのだが。ヤスミさんは昔はちゃんとした出版社に勤めていたのに、様々なトラブルで追放され、今は他の記者の記事、有象無象のネット記事の寄せ集めや盗作、パクり、乗っかり、さらに寄付金詐欺に近いことなどもやっている。

ショコラを追う前にお前の頭上の蠅《はえ》を追えといいたいが、利害関係になければおもしろいオジサンなのでたまに会う。一対一ではなく、大勢でいるときに限られるが。

ともあれヤスミさんは、ついうっかりネタになるかと往年のアイドル、今は一般人以下の容姿と生活ぶりになり果てたショコラに接近することには成功した。

しかしショコラに、昔の恋人Kの怖いブロマイドをカバンに入れられてから、ヤスミさんがショコラに追い回される事態となる。名刺を渡したので昼夜を問わない電話攻撃が始まり、家の近所で待ち伏せされたり、玄関先まで来られたりもした。

まったく相手にしてくれない俳優Kから、実際に話しかけてくれきれいだといってくれた、しかもジャーナリストだというヤスミさんに乗り換えてしまったのだ。

ショコラは国から保護をもらい、公営アパートでかなり苦しい生活をしているようだ。それを記事にしても金にならないどころか、自分が攻撃を受けるかもしれない。怖くなったヤスミさんは、ついに警察に相談にいった。

アパートの駐車場に停めていた車に鍵をかけ忘れ、その車がヤスミさんのだと知っていたショコラがサングラスや帽子を持ち去っていたのだ。れっきとした車上荒らしだ。

ところが、思わぬ藪蛇《やぶへび》、結末が待っていた。ショコラからも、警察に駆け込まれたのだ。

昔、ショコラはアイドルだった頃に熱烈なファンに自宅をつきとめられ、侵入されて性的暴行を受けた。それがヤスミさんだという。当時から彼は頭髪の薄さと目つきの悪さを気にして帽子とサングラスを愛用し、その趣味が三十年変わってなかったのだ。

車の中の帽子とサングラスを見た瞬間、あいつだと思い出したという。彼も、覚えがあった。ただ、三十年も前の話だ。証拠はない。犯罪者として告発されないためのウルトラCな技なのか自暴自棄なのか、とことんネタにするつもりだったかヤスミさんはショコラの気が済むまで、恋人として付き合うことにした。

「ところで、俳優Kが動画サイトで自分で脚本、監督、主演したショートムービーを流してるけど、もしかしてショコラをモデルにしてんのかな。

主役の男は昔、南国で女を殺してその幻影に追われる。冬なのにふっと南国の熱風を感じて振り返ると、髪の長い女の首がついてきている。髪の間からちらちら見える目つきがまさにショコラ。あれが画面を飛びだして、俺んとこに来そうで嫌だな」

隣の女

前の話とは何の関係もないが、なんとなく何かが似ている話がある。ケイスケくんが学生時代に住んだアパートの隣に、ツハラさんという五十代の女性が住んでいた。

ツハラさんは一人暮らしと思っていたら、八十過ぎの母親もいた。母親はほぼ寝たきりで、部屋から出ることがなかったのだ。

アパートの住人達の噂、相談に行った大家さんなどの話を総合すると、ツハラさんは一度も結婚と就職をしたことがなく、母親の年金や保護などで生活している。

他に係累はなく、訪ねてくる人も皆無。ツハラさんは買い物や食事のために近所の商店街などに出かけているが、誰かと話している姿は見たことがない。商店街では別に、困ったことはしない。ところが、あるときからケイスケくんにだけおかしくなった。

「隣でどったんばったん、すごい物音を立てて悲鳴を上げるんです。同じアパートの人が苦情をいったら、母親に襲われている、母親と揉み合いになった、とかいうんだけど。母親って寝たきりなんですよ。他の人が入った形跡もなく、ツハラさんの自作自演。

ところがそのうち、悪いのは隣の男、そう、ぼくだと騒ぎ始めたんです。意味わかんないですよ。何のトラブルもなく付き合いもなく、口きいたこともなかったのに。

確かに、どったんばったんが迷惑で大家さんに苦情は持ち込みました。直接行ったらそれこそトラブルになると思って、大家さんにいってもらったんですよ。それを逆恨みしたのか、変な妄想につながっていったのか」

怒鳴り込んできて、お前のせいだとわめき散らすまでは、まだその場でいい合いになるだけで済んでいたが。部屋の前に置いていた自転車を壊され、それをツハラさんがやっていたと目撃した人がいたので警察沙汰になった。

「ツハラさんが若い頃、一方的に好きになった男を追い回して刺して、刑務所に何年かいたらしいんです。ぼくそんなことまったく知らなかったのに、ぼくがいいふらしていると警察でわめき散らして。警察からも、それはあんたも悪いと濡れ衣を着せられるし」

そして決定的な事件が起きる。ケイスケくんの部屋に入り込み、包丁で喉を切って死んでいたのだ。第一発見者は当然ケイスケくんで、血の海の中のツハラさんを目の当たりにして心身ともに病んでしまったため、入院を機に引っ越した。

「もう一つ不気味なのは、寝たきりだったお母さんが妙に元気になってて、お詫びにと近所中を回ったり、ぼくんとこにも見舞いに来ました。まるで娘の命を吸い取り、ぼくの生体エネルギーを横取りしたかのようでした」

さすがにもう死んでいるだろうけど、いや、わかんないな、とつぶやいた。

死神

ミカさんとユウコさんは互いに面識もなく、わかりやすい共通点もないのだが。私の中では、ともに死神を見た人として括《くく》られている。

ミカさんは草深い田舎の子で、離れに祖母が住んでいた。祖父は、ミカさんが生まれる前に死んでいた。特に優しくも厳しくもない、普通のお祖母ちゃんだったというが。

「突然、いろんな雑誌や新聞からビルやマンション、タワーの写真を切り抜いては壁に貼り出したの。何の脈絡もないんだけど、高層っていうのが共通してた。

お祖母ちゃんによると、田舎だから高い建物がない、こういうのを見ていると鳥になった夢、空を飛ぶ幻みたいなものが見えて楽しい、っていうの。こういうとこのてっぺんに立てば、お祖父ちゃんのいる天国も見えそうだ、なんて」

それからしばらくして、お祖母ちゃんがふっといなくなった。翌日、最も近い都会の警察から連絡が来た。お祖母ちゃんは高層マンションにどうにかして潜り込み、飛び降り自殺をしていたのだ。直前、たまたまエレベーターで一緒になったマンションの住人に、お祖父ちゃんに会いに来たといったらしい。ミカさんは、こういう。

「でもそれ、お祖父ちゃんじゃなく死神だと思うわ」

ユウコさんは子どもの頃、親と山にキャンプに出かけ、はぐれてしまったことがある。

あっ、はぐれた、一人になったと思ったときはもう、どんどん遠くに行っちゃうような、同じ所をぐるぐる回っているような、やばい状況でした。

泣いてその場にしゃがみ込んでいると、誰かの声がしました。

「親じゃなく、知り合いでもない、でもなぜか聞き覚えがある声です。それがこっちこっち、そっちじゃない、と誘導してくれるんです。信じて、声に従いました」

ふと気がつくと、崖っぷちに座り込んでいたところを捜索の人達に発見された。

「あと数歩で、崖下に落ちてたそうです。なんかこれは違うと途中で気づいて、座り込んだのがよかったんです。親に不思議な声の話をしたら、それに返事をしなくてよかった、といわれました。返事してたら崖下に真っ逆さまだったよ、と」

実は二人は、もう一つの共通点がある。どちらも若い頃、彼氏が命を落としている。

ミカさんは彼のバイクに二人乗りしていて転び、彼だけ亡くなった。ユウコさんはある天災に襲われた際、同棲していた彼だけが逃げ遅れて焼死した。

疲れていた彼氏に、バイクで送ってと頼んだミカさん。精神的に不安定だった彼に、睡眠薬と酒を飲ませて熟睡させていたユウコさん。

どちらも彼氏の遺族から、死神呼ばわりされたそうだ。

嫌がらせ

イシイくんは普通の好青年だが、なぜか週に一度は必ず変な人に絡まれ、幽霊や生霊らしきものを見てしまい、超常現象としかいいようがない目に遭ってしまう。

「いや〜、昨日は一ぺんに来ましたよ。まず朝、駅に行ったらかなり太めの女性が狭い通路の壁にもたれて舌打ちしながら必死にスマホいじってました。なるべくぶつからないよう、体を縮めて通りすぎようとしたのに。体が触れてしまったんです。

そしたら、ひときわ大きな舌打ちと、痴漢だなお前、わざとぶつかったな、みたいなこと大声でわめき始めて。つい、あなたがふくよかだからといったらブチキレて、スマホ振りあげて威嚇した拍子に、ぼくの顔にぶつかった。イテッと叫んだらますます激昂。てめぇ線路に落とすぞ、なんて脅すんです。そこで誰かが駅員や鉄道警察の人を呼んできた。そのふっくらさんが、こいつがわざとぶつかって因縁つけたなんていいだしたんですが、見ていた人達がぼくに加勢してくれ、味方になってくれました。

このデブは殺害予告までしてた、なんていい出す人がいて。だからぼくも、スマホで顔を殴られたと申告しました。それで彼女、警察に事情を訊かれることになったんです。

ぼくも訊かれて、結局は彼女がぼくに謝罪することになりました。猛烈にふてくされて不服そうでしたが、自分が不利なことはわかったようで。

会社には事情を話して、遅刻を許してもらいましたが。うちの会社はエレベーターのドアが鏡みたいになってんですね。待ってたら背後にすうっとかなりデブ、いや、ふくよかな女性が立って。あれっと思ってとりあえずエレベーターに乗ったら、いなかった。

確かについてきたと見えたのに。今朝の女の生霊だったのかな。

それからしばらくしてふとスマホを確かめたら、謎の画像が送りつけられていました。暗いがらんとした部屋の天井から、首吊りのためのロープがぶらさがってんです。よく見たら動画で、ロープが小刻みに揺れてる。

あの女が嫌がらせで送信してきたのかなと怖くなって、すぐ削除しました。

会社を終えて帰宅したら、妻はまだ帰宅してなかった。ぼくもちょっと持ち帰った仕事があったんで、ラーメン作って食べて部屋にこもってパソコンいじってたら、ドアがノックされた。てっきり妻だと思ったのに、なんかおかしい。

ドアは真ん中のとこが擦りガラスになってて、廊下側に立つ人のシルエットが映るんだけど、スリムな妻じゃない。かなりの太め。なのに妻の声で、開けてなんていうんです。

完全に無視してたら、舌打ちして消えました。聞き覚えのある舌打ちでした」

幸い、その後は生きたその女性にも生霊にも、そして幽霊にも会ってないという。

カナエさん

漫画家のアリタ先生のところにしばらくいた、アシスタントのカナエさん。

彼女のお母さんは高校から帰る途中、近くのビニールハウスに何者かに連れこまれて強姦され、スコップで頭を割られたが命は助かった。ところがしばらくして、妊娠がわかる。そのときはもう、堕胎できない時期になっていた。

それで生まれたのが、カナエさんだ。祖父母が自分達の子として育てたが、お母さんは心身ともに後遺症に苦しみ、二十歳になるのを待たずに自殺。そこから祖父母もおかしくなり、カナエさんは虐待されるようになる。

実の祖父の子を何人も妊娠し、すべて堕胎した。祖母が自宅に放火し、祖父母は焼死。カナエさんは水商売と風俗と男を転々とし、男の暴力によって肋骨が変形、片足を引きずるようになる。頭にもへこみがあるそうだ。髪で隠していたが。

しかし誰に似たのか絵の才能があり、独学で漫画を描き始めて投稿作が入選し、その伝手でアリタ先生のアシスタントとなる。本人は見た目も性格もおっとり優しく、とてもそんな境遇の子とは思えないと皆がいう。

私も一度会ったが、良い人だった。ただ、ちょっと変わったところはあった。

「子どもの頃、祖母に浴槽に突っ込まれて死にかけたんですが、そのとき天使に助けられたんですよ。ふと気がついたら、白い服を着たきれいな女の人が抱きかかえてくれていて、言葉ではなく脳に直接、言葉が届きました。見守っていてあげる、と。

でも祖母は、私が気絶しているのを覗きに来たら、私のお母さんの幽霊が私の首を絞めていたというんです。白い着物を着てたって。私と祖母は同じものを見たんですね。でも、解釈が違うというか。幽霊だなんていうから、祖母はあんな死に方をしたんです」

カナエさんは真面目で優秀だったが、ある日ふっとアリタ先生に、結婚するから辞めたいといってくる。しかし、誰と結婚するかも教えてくれなかった。ただ、いなくなった。

それからしばらくして、カナエさんの思いがけない消息をテレビのニュースで知ることとなる。カナエさんはある男性芸能人宅に侵入し、風呂場で全裸になって仰向けになっていたのを帰宅した彼に見つかり、通報されたのだ。

愛する夫の元に行けと、天使がささやいた。みたいなことを供述し、警察ではなく病院に連れて行かれた。後日、カナエさんは妊娠がわかる。

もちろん一方的にストーカーした芸能人の子ではなく、アリタ先生はとぼけ続けているが、産んだ子がそっくりだと噂で聞いた。カナエさんが、こういったとも。

「アリタ先生にはお世話になったから、いなくなった私を補充しようと生みました」

記念品

別れた人からもらった物を、もう見たくもないと捨ててしまう人と、物に罪はないと持ち続ける人がいる。私の場合は後者だが、思い出の品だからではなく、もう未練も何もなくて手元にあっても相手を思い出すこともないから、というガサツな理由だ。

ミノリさんも一応は後者だが、男に愛された記憶と記念品だから捨てられないという、なんだか執念を感じさせる理由だ。そのミノリさんが、前の彼氏にもらったブレスレットを旅行先の外国でなくしてしまった。

現地の恋人のバイクの後ろに乗る前、食堂で二人で撮った写真にはブレスレットが写り込んでいる。バイクでホテルに戻って服を脱いだ時、なくなっているのに気づいた。

どうやっても探し当てるのは無理だとなったとき、ネットで同じ物を探した。中古品の同じ物を見つけ、注文した。帰国して届いたそれを見て、驚いた。

別の金の鎖と絡まってしまい、ほどけなくなったのをそのままにしていたのだが、その金の鎖までついていたのだ。絡まり方も、そっくりそのままだった。

つまり、異国でなくした物が戻って来たことになる。出品者は不明だが、異国の田舎町で拾ったものを売って元の持ち主が買うなんて、すごい確率の低さではないか。

さらに驚いたことに、次にその国に行ったら現地の恋人が、バイクに引っかかっていたとブレスレットを渡してくれた。金の鎖がついた物を。

つまり、同じ物が二つあることになる。なんだか怖くなり、二つともしまい込んだ。くれた男との強い因縁などはなく、彼はとっくに別の女と結婚し、その後は会ってない。

それからしばらくして知り合いがその国に行き、ミノリさんと現地の食堂で会ったという。前の前の彼氏にもらったというピンクの変なシャツを着てたから、すぐわかったと。

知り合いはミノリさんと会話もしたというが、そのときミノリさんは都内にいたのだ。

「ブレスレットだけじゃなく、私自身も二人に分裂してたなんて」

かなり怖くなったミノリさんは、ブレスレットはもったいないけどどちらも処分することに決めた。二つを入れてある箱を自転車の籠に入れ、近所のお寺に向かった。そこで供養と処分をしてもらおうとしたのだ。

ところが寺に行く途中、ミノリさんはトラックにぶつかってしまう。奇跡的にミノリさん自身はさほどの怪我を負わずに済んだが、自転車はタイヤに巻き込まれてぐしゃぐしゃに潰れ、籠の中のブレスレットも木っ端みじんに近い壊れ方をしてしまった。

ふと、ピンクのシャツは実家に置いてきたなと思い出し、あれも二つになっていたら嫌だなと怯えたが、今のところそれはないらしい。

呪い返し

彼氏が二股をかけたり、夫が浮気をした場合、多くの女は相手となった女を憎み、恨む。向こうの女だって、男ではなくやっぱり本命彼女や本妻に怒りを感じる。

私の場合、最初の夫にも二番目の夫にも愛人を作られたが、怒りはまっすぐ夫に向かった。相手の女性を、私と同じだまされた被害者、と感じてしまうからだ。さらに、なに色男ぶってんだ、という正当な方向にも怒りが向かうのだ。

私はさておき、エイコさんもなかなかひどい目に遭っていた。学生時代からつき合った彼氏とは、同じ業界の違う会社に勤めていたが、エイコさんは彼氏がいると表明していた。なのに彼氏はエイコさんの存在を隠し、同僚のサクラさんと深い仲になっていた。

サクラさんの存在に気づいたのは、ちょっと異様な嫌がらせだった。

運転していたら前のトラックの荷台から荷物が飛んできてフロントガラスを直撃したり、街を歩いていたら頭上の看板が外れたり、駅の階段でよろけた人の巻き添えで転がり落ちたり、命に別状こそなかったものの、かなりの怪我を負った。

あまりに妙な事故と怪我が続くので、お祖母ちゃんが霊能力者を訪ねたところ、

「お孫さんは恋人の浮気相手に呪いをかけられている」

などといわれたそうだ。まさか、とは思ったが。彼氏の態度、言動、思い返せば怪しいこと、疑わしいことがいろいろあった。でも、直接は問いただせなかった。

「どこかで気づいてたけど、彼氏に決定的なことをいわれたくなかったんでしょう」

それでもエイコさんは、彼氏の友達や同僚などに探りを入れ、相手がサクラさんだと突き止めた。SNSなど見れば、ごく普通の女性のようだったが、家族がみんな怪しい新興宗教に入れ揚げているとも噂されていた。

お祖母ちゃんは毒を以て毒を制すといったか定かでないが、呪い返しを頼んでくれた。それが効いたのか、今度は彼氏がやたら怪我をするようになった。本来、彼氏に向かうべきものが今まではエイコさんに来ていただけだと、お祖母ちゃんは説明されたそうだ。

そうしてある日エイコさんは、鏡の中の自分に違和感を覚えた。まじまじ覗きこみ、わかった。眼球が自分のではなく、誰か他人のものになっているのだ。うわっと声を上げて目を閉じ、再び開けて鏡を見ると、自分のものに戻っていた。

彼氏との仲はぎくしゃくしたまま、半年ほど過ぎた頃。元々の持病があったお祖母ちゃんが、亡くなった。臨終のとき、あいつを連れていってやる、とささやいた。

そして初七日が過ぎた頃、彼氏が突然に自殺した。サクラさんではなく彼氏を、孫の仇と恨み、連れていったお祖母ちゃん。男を恨む、私のようなタイプだったのか。

小鳥

リカちゃんのお母さんは三姉妹の長女で、三姉妹はみな美人と評判だったが、末娘のチヅルさんが一番といわれていた。母と十くらい離れていたので、リカちゃんはチヅルさんを叔母さんとは呼ばず、お姉ちゃんと呼んでいた。

チヅルさんが三十を過ぎても独身なのを、もったいないとかおかしいとかいろいろ無責任かつ無邪気にいう人は多かったが、リカちゃんの親や祖父母、もう一人の叔母さんはその件に関しては、言葉を濁した。

チヅルさんは、父親より年上のある社長さんの愛人だった。豪奢なマンションの一室を与えられ、働かず何もせず贅沢に暮らしていた。

どのような経緯でそうなったか定かでないが、ある夏休みにリカちゃんはチヅルさんと泊まりがけで海辺に旅行した。子どもを連れているので、男達はモデルみたいな水着姿のチヅルさんを横目に見るだけで、ナンパなどはしてこなかった。

ホテルの下はすぐ海になっていて、夜にリカちゃんは連れ出され、波打ち際を散歩した。そのときチヅルさんは、突然に手のひらに入るくらいの箱を取り出し、海に放った。

「嫌な別れ方をした昔の彼氏にもらった指輪とか、ブサイクに写ってる写真とか、嫌だなと思いつつ持ってたものを、この旅で捨てようと決めてたの」

実はその箱の中には、飼っていた死んだ小鳥も入っているのを、リカちゃんは知っていた。小鳥は嫌なものじゃなかったのに、嫌なものと一緒にされて、と可哀想になった。

それからしばらくして、チヅルさんは婦人科系の癌にかかった。若かったので、進行が早かった。社長は、チヅルさんに多額の治療費という名の手切れ金を払った。

リカちゃんは、死んだ小鳥がチヅルさんの内臓を食い荒らす悪夢を見るようになった。

そうして一年後、チヅルさんは亡くなった。

月日は流れ、リカちゃんはチヅルさんのような境遇になった。父親どころか、祖父といってもいいような金持ちに囲われるようになったのだ。

実家を出て都会で一人暮らしをしていたので、親には適当にごまかしていたが、どうもばれているようだった。そんなはずはないのだが、パパと呼ぶ男は昔チヅルさんを囲っていた男と同一人物のように思えて仕方なかった。

あるときリカちゃんは、一人で思い出の海に行ってみた。ホテルのレストランに一人で行ったら、場違いな老婆が乱入してきた。リカちゃんをいきなり殴り、叫んだ。パパの本妻かもしれない老婆は、通報されて警官に連れて行かれた。去り際に、老婆は叫んだ。

「おまえんちには、小鳥がいるだろう。もうすぐお前を食い殺すよ」

木のお札

ショートカットに化粧っけのないきりっとした顔立ちに黒縁眼鏡、後ろ姿は男みたいなサオリさんは高収入だ。なのに同棲していたタロウは、俳優志望のフリーター。

「タロウの才能を信じ込んでいたんじゃないですよ。信じるふりはしてました」

そんな彼が、新しい女を作った。ユカは自称タレントで金持ちの愛人、つまりタロウの女版だ。タロウのスマホを盗み見て、いろいろ知った。たまに読者モデルなどしているようで、長い巻き髪にふわふわした服装で、見た目はサオリさんと真逆だ。

「彼の才能を信じている、熱烈に愛しているのでもないのに、責められなかった」

うちの親もそうでした。と、付け加えた。サオリさんの母も昔から常に離婚したいといいながら、サオリさんが独立した後もまだ父といる。常に不機嫌で短気な父と。

「次の相手を探すのも大変、次が現れないかもしれない、そういう不安は母もいってましたよ。あと、ここまで金も時間も費やしたのに、みたいなケチ臭い気持ちもありました。損切り、つまりもう利益が出る見込みもないなら、さっさと切った方が得なのに」

ちなみに母は妙な新興宗教に入り、自宅の庭に祠を立てたり教祖様に変な表札みたいな堅い木のお札をもらっていた。子宮を守ってくれると、母は真顔でいっていた。

そんなある日、タロウが妙なことを強いてきた。淡い色合いのふわふわした服、茶髪のカツラ。これを身に付けてデートしようというのだ。いきなり、夜中に。

「イメチェンしたサオリを見てみたい、って。変だな嫌だなと思ったけど、従いました」

特に盛り上がりも何もなく、デートをしての帰り道。突然、バイクに乗った黒ずくめの男が前から近づいてきて、すれ違いざまに衝撃を感じた。背中を刺されていたのだ。バイクは走り去り、サオリさんは倒れ、タロウが彼女が殺されたと叫んだのを聞いた。

ところがサオリさんは、立ちあがった。刃物は、たまたまその日だけ下着の中に入れていたお札に刺さったのだ。それがなければ、下腹に刺さっていただろう。

実はユカの本命の男が浮気を知って、まずはユカを憎み、手下に襲わせるとタロウに通告してきた。タロウはユカを助けたくて、サオリさんがユカに見えるようにしたのだ。

ところがそのときたまたま、ユカはこれもまた別の男と深夜のドライブに出かけ、高速で事故を起こして即死していた。それを知って錯乱したタロウがすべて、白状したのだ。

実家に戻ったサオリさんは、母の得意気な説教を聞く羽目になった。

「あんたが刺された日、なぜかお母さんもお札を腰に入れたくなってね、なんかあんたに危機があると思ったから、身に付けるよういったのよ。お母さんも庭で転んだけど、腰を打たなくて済んだわ。ほら、もっと手を合わせて信心しなさい」

非合法ビデオ

まだパソコンもスマホもなかった時代、アサコさんのお兄さんは変なビデオテープをどこからかよく入手してきたという。表向き、ごく普通の会社員だったのだが。

まだAVがビデオテープだった時代、有名アイドルが隠し撮りされたものだとか、人気女優の流出ものだとか、その手のものもあったそうだが。

「兄が夢中になってたのは、いわゆるスナッフフィルムですよ。今じゃ海外過激動画サイトなんかでばんばん見られるけど、殺人の場面を映したものですね」

仲間を集めてわいわいいいながら上映会をしていたが、いまだに忘れられず、ネットが発達してからは盛んに検索してみたが、どうにも見つからないものがあるという。

「殺風景な地下室みたいなとこに、ステンレス製のベッドっていうより解剖台みたいなのがあって、焼死したらしい女性の死体が乗せられてます。着ていた服や靴がぼろぼろに焦げて皮膚にくっついてて、ほぼ全裸。

髪と眼球はなくなってますが、もとは美人だったんじゃないかと思わせます。その顔の横に、当時としては最新型だったけど、今じゃ見かけないというより骨董品の扱いを受けそうな携帯電話があります。電源が入っているランプが、ちかちかしてる。

死体が確かに、かすかに口を動かして何かいいます。聞き取れないけど、本当にしゃべっているのが少しわかるんです。実は生きているんじゃないかと思ったけど、やっぱり死んでるんですよ。口以外、ぴくりとも動かない。息をしてない。

兄が嬉々として説明をしてくれたところによると、彼女は彼氏の車に乗っていて事故に遭い、彼氏は燃え始めた車から間一髪で脱出、軽い火傷《やけど》で済んだとか。

炎上する車から助け出されたとき、彼女はもう死にかけてた。握りしめていた携帯を可哀想に思った医者が、頭のそばにおいてやったらしい。彼氏に電話してたんだって。でも彼氏は、電話に出ようとしなかった」

見ている友達は、これ絶対に作り物だよといつもの反応を示した。アサコさんのお兄さんはにやにやして、本物だとも作り物だともいわない、それもいつものことだった。

そんなお兄さんだったが、実は非合法の裏ビデオの売買だけでなく、制作にも関わっていたらしい。逮捕されて起訴は免れたものの会社はクビになってしまい、当時の恋人とも別れて失踪してしまった。三十年近く経つ今も、生死すら不明だという。

「だけど何かの拍子に、ふっとお兄ちゃん、とつぶやいてしまうときがあるんです。そうすると、私のスマホに通知不可の表示で着信があるんです。お兄ちゃんなのかな。でも、あの焼死体の女だったらもっと嫌だな。だから出ません」

知らせ

「守り神、守護霊というほどでもないんですよ。うーん、黒猫が横切ったから不吉、とか。茶柱が立ったからいいことあるぞ、みたいな、そんな程度のものでしょう」

というノリコさんは、ある議員の秘書だ。いかにも真面目な優等生といった彼女は、わりと大きな危機が迫ってくるときは必ず、左の手のひらがぱっくり切れた。

「深さ一センチ以上ですよ。中指の付け根から手首にかけて、包丁でざっくりやられる感じ。子どものときは手の甲まで達してました。でも、ちっとも痛くないし血も出ない」

親にはいわない方がいいと、最初から直感したという。

「そっと右手の指で探ってみると、傷口の中はとろとろっとした体液に満たされている感じ。でも、抜いた右手の指にも血はつかないんです。三分くらいで、傷口は跡形もなく消えます。でも、問題はその後」

傷が消えた後、車に接触したり、自転車ごと川に落ちたり、ひったくりに遭ったり、ストーカー的な男に追われたりした。

それでも、大怪我や大病、大事件には巻き込まれることなく、よい大学も出て有名会社に入り、あるパーティーで会った男性と交際も始まった。

「ところが、彼には奥さんがいたんです。離婚を前提に別居中だといったんですが、かなり傷ついて追いこまれました。でも、手のひらに傷が出なかったんですね。だって、人生最大の危機だったんですよ。気をつけていたのに妊娠してしまい、さらに流産もしました。そうして奥さんにも知られて、実家の親兄弟まで嫌がらせされました」

精神的に臨界点に達した奥さんは、ある日ノリコさんの家に押しかけてきて、台所にあったナイフを振り回し、揉み合いとなった。

「何が何だかわかんないうちに、奥さんの手にナイフが刺さってました」

警察沙汰になり、裁判沙汰になった。押しかけてきて襲ったのは奥さんなのに、夫を盗って追いこんで刺したのはノリコさんとなり、実刑は免れたし示談も成立したが、会社にはいられなくなった。彼とも別れ、しばらくは実家で引きこもった。

「奥さんに傷が移ったからか、あの傷口を見なくなったと思っていたら、違うものが現れました。これも一分くらいで消えます。目の前が絵具で塗りつぶされたみたいに真っ赤、もしくは真っ青になるんです。真っ赤だと悪いこと、真っ青だといいことがあります」

親が、議員秘書の仕事があるといってきたとき、目の前が真っ青になった。だから今の議員さんに仕えているそうだ。肝心の年配女性の革新系議員には、政治的なことにも性格にも生き方にも、何一つ尊敬や共感するところはないそうだが。

引きこもり同士

昔はモテてイケてたナオキくんは、ある時期から引きこもりになってしまった。親は、ナオキくんがとりあえず大人しくしてくれていれば、そのうち好転すると信じた。要するに緊急の具体的な対策は立てず、生ぬるい現状維持を願ったのだ。

ナオキくんは、スマホが唯一の外界とのつながりとなった。SNSで何人かの女性と親しくなったが、会いたいといってこられては困るので、ヨーロッパ在住の設定にした。同じような引きこもりの冴えない女達だとわかっていても、可愛いと信じ、いや、信じたふりでやりとりするのは、気分も華やいだ。自分もイケメンエリートになれた気分も味わえた。そんなささやかな楽園は、通称サイダーによって踏み荒らされた。

フリー素材の外国人女性の顔をアイコンにしていた自称二十歳の読者モデルは、しつこくダイレクトメッセージを寄越し、すぐ帰国して会えだの、婚約しろだの無茶をいってきた。だからブロック、着信拒否にしたのに。

いきなりサイダーの母と名乗る女から非通知で電話があり、濁声《だみごえ》でわめきたてられた。

「あの子が死んでいるようなので、遺体を確かめに行ってほしい」

「あの、何が何だかわかりませんが、どうして電話番号を知ってるんですか」

まず訊ねると、それには一切答えず同じことを繰り返す。相手は番号を知っているので、切れなかった。切ってもしつこくかけ続けるに決まっているし、もっと怖い事態を招きそうだ。必死に、死んでませんよ、と叫ぶようにいった。

「いったん電話切って。あの子を見て」

しばらくすると、嫌な動画を送りつけてきた。異臭が感じられるほどの散らかり放題の部屋に、白い豚の死骸みたいなものが横たわっている。中年の女だ。もしやこれがサイダーか。しかし、もぞもぞと動いてもいる。どろりと濁った目が、こちらを見た。

そこでまた、電話がかかってきた。サイダーの母と名乗る女は、泣いている。

「あの、生きてるじゃないですか。生きてますよ、サイダーさん」

そこで電話は切れた。サイダーはアカウントを消し去り、連絡が取れなくなっていた。

そこから立ち直ったというほどではないが、どうにか家の外に出て近所のファミレスくらいは行けるようになったナオキくんに話を聞いたのだが、こう締めくくった。

「他のSNS仲間の女もみんな、サイダーみたいな四十、五十を過ぎた引きこもりですよ。動画は残してありますが、二度と見る気になれない。なんか、知ってた女のような気がするんです。だから電話番号も知ってた。部屋も、なんか見覚えがあるんです。

何かでサイダーも、こいつヘタレのナオキと気づいたんですね。幻滅したんだろうな」

三つめのスマホ

誰のスマホにもパソコンにも、見られると困る画像、見られたら引かれる動画はあるはずだ。もちろん私もある。しかしキヨミさんの場合、いや、キヨミさんの彼氏の場合は、

「顔を見るのも嫌になった、どころか、生かしておけないと殺意が湧きました」

とのことだ。キヨミさんはもともと、彼氏のスマホなど盗み見する趣味も習慣もなかった。見て楽しいものなんかあるわけない、という過去の苦い経験からだ。

「今の彼氏、仕事用とプライベート用、あともう一つスマホ持ってるんです。三つめは趣味用。彼氏は多趣味で、いくつか私も関わっているサークル、同好会もありました」

狩猟、海に出てのダイナミックな釣りといった男の世界は、遠慮していた。厳しく禁じられたのではないが、男だけで気兼ねなくわいわいやりたいから、とやんわり参加を断られていた。誰も奥さんや彼女を連れてこないのが不文律なんだ、とも。

そんなある日、彼氏の部屋に泊まって帰宅したら、いつの間にか彼氏の趣味用スマホが紛れ込んでいた。代わりに、キヨミさんの仕事用スマホを忘れていた。どこかで取り違えてしまったようだ。一瞬焦ったが、仕事用のスマホにはそこまで危険な画像はない。

仕事先の男と酔って密着しているのはあるはずだが、見られたって笑ってごまかせる。

だが、どうにも彼氏の三つめのスマホが気になった。自分も参加している趣味の会と男しかいない会なら、そんな変な写真もないはずだ。

暗証番号も簡単に見破れたし、男の世界を覗き見するだけで、別に浮気など疑っての盗み見ではないと、動画を開いてみた。

「どう説明したらいいのか。彼氏が、私の死体とやってました」

誰かのクルーザーの上。床に寝ているのはキヨミさん。いや違った。キヨミさんそっくりに作られた人形だ。全裸の彼氏が、囃したてるこれまた全裸の男達の真ん中でキヨミさん人形と性行為の真似をし、その後は次々に他の男達もキヨミさん人形を凌辱した。

そしてみんな終えると、キヨミさん人形をばらばらに大きなナイフで切断し、海に捨てた。あまりのことに息がつまった。それでもキヨミさんは、別の動画を見た。

見覚えのある、彼氏の親友。どこかのマンションかホテルの部屋の床には、これまた見覚えのある親友の奥さんそっくりの人形が置いてあり、彼氏を含む男達が全裸になっていて、親友が人形にまたがり……そこから先は見られなかった。

「彼氏のマンションのポストに、返しておきました。見たとは、もちろんいいません」

それからキヨミさんは、相手を間違えたふりをして別の男とのベッドでの動画を送りつけてやった。それで、彼氏から別れを切り出させることに成功したそうだ。

あの子は誰

　確か有名ホラー作家のヒラヤマ先生が、こんな話をしてくれた。

「ある男が、出張風俗嬢を呼んだ。予定より早めの時間に来てくれた彼女は、やや陰気な雰囲気もあったが可愛い子で、先にシャワーを浴びさせてという。

　客の男は浮き浮きしながらベッドで彼女を待っていたが、派遣してくれている店から電話がかかってきた。女の子が遅くなってしまってすみません。今から行きますんで、と。

　えっ。じゃあ今シャワー浴びてる子は誰。男は恐る恐る浴室のドアを開けてみると、女は服を着たまま無言で水のシャワーを浴びていた」

　これを聞いた人は、怖いけどなんだか笑ってしまう。ところが有名司会者のトクミツくんだけは、ギャアと叫び、鳥肌を立てて怖がった。

　さて知人のヒロユキくんは先日、ネットで知り合った女性と会うことになった。アヤカと名乗る彼女は若いうちに結婚と離婚をしていて、二十代半ばで幼稚園児の娘がいた。

　最初からそれを知っていて、ぜひお嬢さんも連れてきてと彼から頼んだ。

「ロリコン趣味なんか、まったくないですよ。でも、家族ごっこをしてみたかったんです。若いパパとして、きれいな妻と可愛い娘と遊園地に行ったり」

アヤカさんはＳＮＳに娘の画像もあげていたが、顔はちゃんとハートマークなどで隠していた。けれど、アヤカさんが美人だから娘も可愛いと思った。

実際に会ってみると、アヤカさんもだが娘のリエちゃんも可愛かった。幸福な家族と見られながら遊園地で遊び、公園でサンドイッチを食べ、初めての日はそれで終わった。

それからも彼は何度か、アヤカさんとリエちゃんに会った。初めて泊りがけで出かけた日に寝いったリエちゃんの隣でアヤカさんとそのような関係を持ち、彼はのぼせた。

「本気でアヤカさんと結婚しようと思ったのは、リエちゃんの存在が大きかった」

普通は、相手の連れ子というものは障壁、邪魔になるものだ。ヒロユキくんは親にはなかなかいえなかったが、友達には打ち明けた。その一人が、アヤカさんのＳＮＳと、実際にヒロユキくんが撮った写真を見比べ、妙なことをいってきた。

「アヤカさんのあげてる画像のリエちゃんと、あなたが撮ったリエちゃんは別の子よ」

髪型や服装は同じにしているが、つむじの形、肌の色や手足の形も違うという。画像を拡大したり明度を変えたりして、ヒロユキくんもそれを確認できた。

そうこうするうちに、ぷつっと連絡が取れなくなった。そして一年ほどして、ニュースでアヤカさんを見た。再婚した男に連れ子を殺されたと。まったく見覚えのないリエちゃんの写真に、胸は痛んだが。じゃあ、一緒に遊んだあの子は誰で、今どうしているのか。

マムシ指

コユキさんは学生時代、彼氏に二股をかけられて振られたとき、飛行機で十時間以上もかかる国に傷心旅行に出た。最初は緊張も警戒もしていたが、次第に慣れてきて彼氏のことも忘れはしないが徐々に薄れてきて、あまり観光地ではない路地も歩いてみた。

そのとき、骨董品屋なのか古道具屋なのか単なる雑貨屋なのか、異国情緒あふれるといえばそうだが、安っぽくちゃちともいえる食器や小物を並べている店を見つけた。そこに日本ではあまりない色彩の、手のひらに乗るほどの小さな木箱があり、心惹かれた。

「店員さんがいなかったのもあります。でも、本当にそんなことしたの生まれて初めてなんですよ。やっぱり、精神的にヤバいものがキテたのかなぁ」

衝動的に、その木箱をポケットにねじ込んでいた。つまり、万引きだ。

「心臓バクバクさせながら走って逃げて、かなり遠くに来てから取り出して蓋を開けてみました。そうして、近くの川に放り投げました」

箱の中には、人の指が入っていた。一瞬しか見なかったが、作り物ではなかった。切断面の生々しさ、こびりついた血、生臭い腐臭。何よりも恐ろしかったのは、

「彼氏の指だったんですよ。マムシ指ってわかりますか。爪が短いっていうか、横に長い

んです。マムシが鎌首を持ちあげているように見えるんで、そんな名前がついたらしいんですが。手先が器用といわれてます。彼氏も、確かに器用だった」

さらにその指は、かつて二人がおそろいではめていた指輪をしていた。コユキさんは自分の指輪は、未練がましくではなくただお気に入りのデザインだったから、自宅の引き出しにしまっていた。彼氏は指輪、どうしたのかなと気にはなっていた。

「だけど、理屈で考えておかしいじゃないですか。東京にいる彼の指が、どうしてこんな異国の、たまたま立ち寄った店で見つかるのか」

やっぱり目の錯覚。作り物。いや、本当に指が入っていたとしても、彼氏のじゃない。川に捨ててしまったので、もはや改めて確認しようがなかった。

「歩き回って疲れきっていたので、眠れないことはありませんでした。ベッドでうとうとしていたら、彼氏がすうっと指で首筋と鎖骨の辺りを撫でたんです。寝ぼけていたんで、本当に彼氏だと思いました。独特の指使い。そう、マムシ指は器用なんです」

彼氏の名前を呼びかけ、あっ、ここは異国、彼氏は東京と思い出した。

こっそり彼氏と今の彼女のSNSを確かめても、帰国後に彼氏の噂を聞いても、指を切断したというような話はなかった。あれからもう十年経ち、彼女は別の男性と結婚したが、あの国だけはもう二度と行かないという。

奇妙な思い

タマキさんのその話を聞いたとき、奇妙な思いにとらわれた。怖い、ではなく。

「小学生の頃、近所の一家が夜逃げしたんですよ。ぼく、そこの長女と同級生だったんです。そのミキちゃんは意地悪で気が強くてぼくは苦手だったけど、運動神経がよくてきれいな顔で、憧れてる男の子もけっこういたな。

通学路にあったミキちゃんちが、あっという間に廃墟になっていくのが不気味だった。人が住まないと、家はすぐ傷むって本当ですよ。加速度をつけて、廃墟になっていった。

そのうち、妙な噂がまた流れ始めました。あの家にときどき、ミキちゃんだけ帰ってきているって。当時は携帯もネットもなくて、いなくなったらいなくなった、で終わり。転校先や引っ越し先なんか、見当もつかなかった。

なんでミキちゃんだけ、帰ってるんだろ。もしかしてミキちゃんだけ死んでて、それは幽霊なんじゃないか、みたいなことをいい出す奴がいた。

ぼくとコニシってのとマエカワってのが、探検に行こうとなりました。ミキちゃんが本当に帰っているのか、あるいは幽霊が出るのか。

学校から帰ってご飯食べて、こっそり抜け出した。現地集合ですよ。夕闇の中の廃墟は、本当に不気味だった。ぼくら懐中電灯も持ってきてて、土足で家の中を歩き回りました。家財道具が残ってて、今にもその陰からミキちゃん、もしくはミキちゃんのふりをした何者かが出てきそうだった。結局、何事もなくてぼくらは現地解散。

ところがその夜、三人ともミキちゃんの夢を見たんです。確かに、ミキちゃんが出てきたとしかいいようがない。でもって、あなたのことを好きだった、みたいな告白をされる。これも三人そろって同じなんです。

だけど、ミキちゃんがどんな姿をしていたか、それは思い出せない。なのにぼくらは絶叫して飛び起きて、しばらく錯乱状態が止まらず、小学生なのに三人とも親が押さえつけられないほど暴れたって。それ、ぼくらはまったく記憶にないんです。

まさに憑き物が落ちたかのように、一時間ほどでまた意識を失うように寝入ってしまった。後から、親達に聞かされました。あいつらも、それぞれの親から聞かされた。

その後、二十年以上経ったけど、ミキちゃんのその後はわかりません。でもってコニシは事故死、マエカワは自殺しました。ぼくだけが、無職のチンピラです」

奇妙な思いとは、私が子どもの頃の通学路にも一家が夜逃げした廃墟があり、長女がミキちゃんという意地悪で可愛い、運動会で活躍した子だったことだ。

そのミキちゃんも消息不明だが、私はタマキさんとは世代も出身地もまったく違う。

目から鱗ではなく

「都市伝説っていうのかな。目から出ていた白い糸を引っ張って切ったら、失明したとか。耳から出ていたパターンもあって、やっぱりその糸を切ったら聴覚を失ったとか」

真面目なミズホさんがそんな話をし出したので、

「都市伝説なんて言葉がない頃から、男の先端からぽろっと赤い玉が出たら打ち止め、性交渉ができなくなる、なんてこともいわれてましたよ」

というふうに返したら、ミズホさんはやっぱり真面目にうなずいた。

「そういうのは本当か嘘かわかんないんですが、私はあるとき目からコンタクトレンズみたいなものがぽんっと飛びだしてきて、それ以来だまされなくなったんですよ。

本当です。それまでの私は悪い男、詐欺師、嘘つき、マルチ商法、だまされっぱなしでした。目から鱗《うろこ》が落ちる、って、あれなのかな。でも、私以外にそんな経験した人いないんです。鱗じゃなく、コンタクトレンズでした。ただ、透明じゃなかった。

カラコン、でもないんです。なんというか、ピンク色、肉の色、内臓の色みたいでした。ぷりっ、というか、ぽんっ、というか、いきなり目から飛び出したんです」

そんなミズホさんは、早くにお父さんを亡くしてお母さんが認知症で施設に入り、借金まみれになったお兄さんは失踪、自身は五十を目前にして二度目の離婚をしたばかり。真面目さがあまり美点として数えてもらえず、空気読めない変な人、と見られている。

先日、ミズホさんは電車に乗っていてうたた寝し、急ブレーキで起きた。人身事故、つまり飛び込み自殺があったのだ。そのときミズホさんは、隣に死んだばかりの女が座っているのがわかったという。

血まみれではなかったが、全体的にまさにピンク色、肉の色をしていて、その目を見開いたとき、本当にぽんっ、と変な音がした。

それからミズホさんにはその死者が入り込んでしまったという。

「何の関係もない人なんですよ。もちろん、彼女の自殺に私は一切関わってないし。何の接点もないし、生前は一度も会ってないでしょう。

もしかしたら同じ車両に乗ったとか、同じレストランで食事したとか、そういうことは知らぬ間にあったかもしれない。でも、そんなの会ったうちに入りませんよね。

なのに。そんなの今まで一度もしたことなかったんですが、切ったバターに海苔を巻いて食べたり、避けていたホラー映画ばかり観るようになったり、逆に今まで毎日食べていた納豆が食べられなくなって、ファンだった歌手の歌が騒音になった。

あのコンタクトレンズみたいなのは、取らない方がよかったのかな」

布団の中

脱獄するとき、看守の目をごまかすためにベッドに人が寝ているように偽装するというのを、再現ドラマや映画などで見た覚えがある。

毛布など丸めて人の形にして、調達できればカツラを枕元にちょっと潜り込ませておく。

「高校生の頃、刑務所じゃないけど自分ちでそれやってたんですよ」

ミオさんは、地方のラジオ局にお勤めだ。容姿もいいが、やっぱり声がいい。

「親は厳しかったですよ。体罰とかはなかったけど、学校からはまっすぐ帰らなきゃならなかったし、電話も絶対に親が出て、男の子からのは取り次いでくれなかったんです」

それでもミオさんは、別の高校の男子と付き合っていた。当時、彼女の部屋は玄関脇にあり、就寝も十時と決められ、親がのぞきに来た。ドアに鍵はなく、プライバシーの概念もない。しかし恋するミオさんは、部屋に靴を隠しておいた。

「親が看守みたいに見回りを済ませた後、布団の中にクッションやぬいぐるみを入れて私が寝ているような格好にして、そっと靴はいて窓から抜け出してました。彼と会って帰るときも、窓からですよ。ばれたこと、なかったのに」

ある日いつものように彼氏と会って戻ってくると、家の周りにパトカーや救急車、当然お巡りさんに救急隊員がいて、大騒ぎになっていた。

窓からこっそり戻るというのも忘れ、騒ぎの真ん中に突進した。親が絶叫、号泣した。

「すごい修羅場が続きましたよ。まず、親がいつものように私が寝ているのを確かめにのぞいたとき、なんか変だなと感じたんですって。最初、電気は消して真っ暗にしてたから。でも親は、壁のスイッチ押して電気つけたんです。そしたら」

布団、床、カーペット、枕、すべてが血まみれだった。親が悲鳴を上げて掛け布団をめくると、ミオさんではない見知らぬ女が喉を包丁で掻き切って息絶えていた。

「実はその女、私の彼氏を好きになって告白してたんです。でも彼は付き合ってる子がいるからって、断った。彼氏ってば、毎晩こっそり会ってるみたいな、余計なことも付け加えちゃったみたいなんですよね。

そのときはその女もおとなしく、そうですか、と引き下がったらしいけど。次にどうも、私に話をつけに来ようとしたみたいで。だけど私はいなくて、あ、彼氏のとこに行ったんだなと思ったんでしょう。

包丁、その女が持ち込んでたんですよ。私がいたら、私を刺す気だったのかも」

ニュースにもなり、地元では大いに噂され、親は激怒し、彼氏とも別れることになった。

「いまだに私、誰かが寝ている布団って怖いですよ。中にとんでもないものがいそうで」

間違い

私も自宅マンションで、何度かそれをやってしまったことがある。

エレベーターに乗り合わせた他の階の住人が先に降り、うっかりつられて一緒に降りてしまう。たとえば私の家が501号室だとしたら、301号室や401号室を自宅と思い込み、鍵穴に鍵を刺し込んであれっ、開かない、となる。

実は降りたとき、廊下を歩いているとき、すでに微かな違和感は覚えている。廊下もドアもすべて同じなのに、景色が微妙に違う、いつもこんな匂いはしない、みたいに。

幸い私の場合はどちらのときも中の人が施錠していて、ドアの前で気づいて引き返したから不審者扱いされずに済んだ。逆に、こちらが間違えられたことはまだない。

カオさんはうっかり鍵をかけ忘れて寝ていたとき、変な気配を感じて目を開けた。

「見知らぬ男が、じっと見降ろしてるんですよ。私の体をまたぐような格好で、仁王立ちしてて。悲鳴を上げたら、あっ、生きてる、と向こうも飛びのくんです。

そいつは後ずさりしながら、前を通りかかったらすごい赤ん坊の泣き声がして、虐待か、もしくは親が死んでいるのかと心配になった。鍵もかかってなかったし、みたいなこといって変なお札を投げつけて逃げていきました。怨、なんて書いてあるの。下手な字で」

共用の玄関にある防犯カメラにもそいつは映っていたが、結局はうやむやになってしまった。変なお札も警察に見せたが、一応預かっておきますといわれただけだ。

アケミさんは一人で寝ているとき、何者かの気配を感じて布団の中で固まってしまった。徹夜仕事からふらふらで帰ってきて、鍵をかけたかどうか思い出せなかった。

「男の足音と気配がして、必死に布団かぶって寝たふりしました。顔を見なきゃ殺されはしない、と咄嗟に思ったんです。どうせ、金目の物もなかったし」

男はアケミさんの周りをぐるぐるっと歩き回り、アケミさんは布団の隙間から男の紺色の靴下をはいた足を見た。極度の緊張と睡眠不足で、そんな状況なのに寝入っていた。

「目が覚めると、とにかく無事でした。まさかあれは夢だったのかなと、玄関に行ったら鍵が中からがっちりかかってました。えっ、やっぱり夢かなと」

行きつけの喫茶店に行ったら、霊感が強いとされるママが嫌な顔をした。

「あんた、あっちの世界の人を連れてきたね」

アケミさんが入って来たとき、紺色の靴下をはいた足がついてきたのだという。それを聞いた瞬間、異様な喉の渇きを覚えた。一升くらい、水を飲んだ。

「それで男の霊は去ったそうですが。本来、私のとこに来る霊じゃなく、なんか間違えて来ちゃったみたいですよ。ママによると」

友達のシノさん

「建築やインテリア関係ではなく、占いや風水の方に近いとシノさんはいうの」

そういうアスカさんはシノさんと親しいわけではなく、面識もない。アスカさんはある教室でマサヨさんと少し親しくなったが、シノさんはマサヨさんの元同級生だという。

ある日アスカさんはマサヨさんから、部屋の間取り図を教えてほしいといわれた。

「友達のシノさんが、間取りの研究をしているの。こういう部屋にはこういう人が住んでて、いずれこうなるんだ、みたいなことがわかるんだって」

別にそれで改築しろだの模様替えしろだの、玄関にお勧めの変な壺を買えだの、一切ないからといわれ、ちょっとおもしろそうねとアスカさんは間取り図を手描きし、マサヨさんに渡した。マサヨさんは教室やその周辺で会うだけで、自宅に招いたことはない。

だからアスカさんはちょっと見栄を張り、寝室の六畳間を十畳に、ベランダの広さも倍に、玄関脇にありもしない部屋を付け足し、持ってないピアノまでリビングに描き込んだ。

それから三日ほどしてマサヨさんに会ったら、眉をひそめられた。

「気を悪くしないでね、あのままの間取りだと事故に遭いやすくなるって、シノさんがいうの。いきなり改装、改築はできないから、せめてピアノをリビングから玄関脇の部屋に移した方がいいともいわれたわ」

何ともいえない気持ちで、アスカさんはうなずいた。つまり、何もしない。

それからいろいろ公私ともに忙しく、しばらく教室に行けずマサヨさんに会えなかった。アスカさんは別に事故に遭うこともなく、普通に過ごしていたのだが。

あるとき近所のスーパーに車で買い物に行ったら、マサヨさんに会った。そのときアスカさんは車をもう発進させたのに、自転車に乗ったマサヨさんがすごい勢いと形相で追いかけてきたのがバックミラーに映った。停車させて窓を開けると、

「これを参考にして、今すぐにでも改築、改装をしなさいっ」

折り畳んだ紙を突きつけてきた。とりあえず受け取ると、またものすごい勢いでマサヨさんは自転車を漕いでいき……車道で軽トラにはねられた。

誰かが絶対に通報したはずで、アスカさんは恐ろしさのあまり事故を見なかったことにし、その場を走り去った。実際、アスカさんは事故に何の責任もないのだ。

動転していたので、紙は座席の下に落ちていた。気がついて開いてみたら、白紙だった。

その後、思ったよりマサヨさんの怪我は重く、長期の入院が必要となった。教室のみんなでお見舞いに行こうかとなったとき、初めてしゃべった奥さんがマサヨさんの同級生だったというので、シノさんについて聞いてみたら、そんな人は知らないといわれた。

そっくりな他人

トウゴくんは幼い頃に死んだ姉が事故から助けてくれただの、大病したとき父方の死んだ祖父が三途の川の向こうから追い返してくれただの、霊感があるふりをしていた。

逸話も平凡だがトウゴくんはもともと姉などいないし、当時はどちらの祖父母も健在だった。でも怒らせるとなかなか面倒な奴なので、みんなすごいね怖いねと受け流していた。

そしてみんなが高校に進むと、違う中学校からやってくる子も加わった。その中のマキちゃんという子が、トウゴくんて霊感強いんだってね、みたいなことをいってきた。

マキちゃんはけっこう可愛かったので、トウゴくんは張り切って自分の霊感の強さをぺらぺらしゃべった。するとマキちゃんは、近所の家が変だから助けてほしいなどという。

「その家はお父さんが会社やってて、お母さんはお店やってて、裕福だったの。お兄ちゃんは有名大学に入って妹はミスなんとかに選ばれた美人で、東京で芸能人になると出てったんだけど。何やったのかお父さんが逮捕されて、お母さんは難病になったの。

お兄ちゃんは突然に自殺して、妹だけは戻って来たけど、変な人達を夜な夜な連れ込んでどんちゃん騒ぎしてるの。お酒と薬で変になって裸で道に出て踊って、ウンコ垂れ流してたりする。実は遠い親戚なんで、何とかしてあげたいんだわ」

とてもじゃないが、平凡な高校生の手に負える物件ではない。しかしトウゴくんは、美人が裸で暴れるというのに興味を持ったし、マキちゃんとも親しくなりたかった。

なんとかできると大見得を切り、とりあえず塩だの酒だの線香だの、それらしい物を持ってその家に行った。ところが門扉も固く閉ざされ、呼び鈴にも応じない。

トウゴくんは見えるふりをし、祓うふりをした。マキちゃんは納得したようなできないような、微妙な感じでいた。そうして、気分が悪くなったとそのまま帰っていった。

翌日からマキちゃんは来なくなり、いつの間にか高校も辞めていた。月日は流れ、トウゴくんもまあまあ普通の大人になった。会社の飲み会で知り合った一回りくらい上のカミヤさんと、ひょんなことから怪談話になり、ふとマキちゃんの話をしてみた。

するとカミヤさんは、自分の近所にあった家の話とまったく同じだよと驚いた。家族構成、家族のその後、すべて共通すると。しかしカミヤさんのいう家とトウゴくんがお祓いの真似をした家はまったくの別の土地にあり、世代も違う。

「こういうこと、あるよ。たくさんの人の履歴書を見てると、まったく何の関係もないのにそれこそ家族構成、経歴、趣味、あらゆるものがそっくりな赤の他人ってのが」

ちなみにカミヤさんは、マキちゃんには心当たりはないそうだ。

「もしかしたら、マキちゃんであってマキちゃんでない女がそろそろ現れるかもな」

チヒロさん

カズコさんは料理研究家のアヤ先生に心酔し、経営する教室や店、マスコミ出演の際の手伝いもするようになっていた。他にも、弟子や事務所スタッフになるファンはいた。

「ファンクラブみたいなもんだから、和気藹々《あいあい》と楽しくやってたんですよ。それがチヒロさんが加わってから、なんかおかしくなりました」

パリの二つ星レストランでチーフ職にあっただの、ものすごい大きなことをいってきた。美人ではないが個性的な強い顔立ちで、押し出しがいいというのか存在感はあった。

いつの間にかアヤ先生は重大な仕事をチヒロさんに任せるようになり、まるでチヒロさんが一番偉い人のようになっていった。チヒロさんが仕事でかなりの失敗をしても、アヤ先生の立場を悪くするようなことをしても、みんな許してしまい、かばってしまう。

アヤ先生始め、みんないいなりだった。そう、カズコさんだけを除いて。

「大きな口を叩くわりに料理の知識もないし、上手くもない。自慢するレストランに関わった人に聞いてみたら、だれもチヒロさんなんか知らないというし」

カズコさん一人の僻《ひが》み、妬み、といったものではなく、現実にアヤ先生は本人も料理も評判を落としていった。カズコさんは一人、信頼できる昔からの仕事関係者などに相談していた。心配してくれる人達が、そもそもチヒロさんて何者だろうと首を傾げ始めた。

そんなある日、アヤ先生が倒れた。脳梗塞を起こしていたが、幸いにも回復は早かった。とはいえ、しばらくは休業だ。チヒロさんは、さっさといなくなってしまった。そんなカズコさんに、あるマスコミ関係者が驚くような情報を持ってきた。

「あのチヒロさんて、夫だった人を毒殺して十年以上、刑務所にいたらしいです。刑務所の中で炊事係をしていたみたいですね」

アヤ先生や他の生徒さんお弟子さんにも、毒ではないにしても何かいいなりになるようなものを調合して混ぜていたんじゃないか、とまで思って戦慄した。

「アヤ先生、『頭の中にカーナビじゃないけど、チヒロさんに命じられる声が常にするようになっていたの。でも、その通りに動いていたのに崖から落ちた。でも、それでカーナビが壊れて目が覚めた』っていってました。

徐々に元通りになってきてるから、あなたも戻ってと頼まれました」

他の人達も変なカーナビがなくなったか、チヒロさん変だったといえるようになっていた。

まったくもってチヒロさんの消息は不明だが、たまに舌にチヒロさんの作った料理の味がよみがえり、ふっとチヒロさんの声を聞いたりするそうだ。他の人は信じないが、チヒロさんを知る人達は、ああ、あるあるといってくれる。

そっくりさん

国内、外国を問わず、地元ではない街を歩いていると、知り合いや友達、家族のそっくりさんを見かけるときがある。かなり似ているけどまったくの他人、別人、と一瞬でわかるときの方が多いが、たまに本人かとびっくりするときもある。

先日もシンガポールの中華街で、仲良しのバーのママそっくりな女性を見かけた。顔も髪型もそっくりなら、服装の趣味まで似ていて、しかも彼女は電話をかけていたので、声までそっくりなのに驚いた。中国語だったので、ママではあり得なかったが。

真面目に、双子の妹がシンガポールにいるかと聞いてしまった。即座に、そんなのいないよといわれた。父親の隠し子かもと冗談でいわれたが、冗談でなかったら怖い。

そんな話をママのバーでしていたら、たまに会う客のニシナさんが加わってきた。

「私は関西のある街に、しばらく仕事で住んでたのね。ある日うちで寝てたら、玄関のドアがガチャッと開いたの。それよりびっくりなのが、すうっと入ってきたのが元彼。だけど元彼は当時、沖縄に住んでたの。

驚いて起き上がったら、あっ、すみません、部屋を間違えました、って」

元彼は慌てて出ていったという。茫然としながらも、なんかもう一つの変さには気づいていた。元彼ではない。いわゆる生霊、でもない。生身の人間、そして元彼ではない、そっくりな他人だと。

「元彼はピアスに凝ってて、耳たぶにデカいリング入れてたの。親指が入るくらいの穴が開いてたのね。それがなかった。まったく、普通の耳たぶだった」

元彼に連絡してみようか、とも思ったが。あんたのそっくりさんが来た、なんていうのもどうかと思い直した。ところが、元彼から電話がかかってきたのだ。

「アタマおかしいと思わないでほしいんだけど、無理かな。さっきマンションのエレベーターに乗ったら、ニシナそっくりの女が乗ってきて。俺の手をつかんで、一緒に死んでくれといった。ドアが開いて、すごい力で引きずられて、でも抵抗した」

ニシナさんそっくりの女は一人で廊下に出て、彼は慌てて一階に降りて管理人に変な女に襲われたといったが、監視カメラにそんな人は映ってなかった。

「元彼も、そっくりなだけの他人だったといったわ。実は私、二重瞼に整形してんだけど。その私そっくりな女、一重瞼だったたって」

けれど元彼が心配したのは、もしかして未練があるのか、ということだった。

「ないよ。即答してやったわ。だから、この話には続きはない」

ちなみに私は、あなたそっくりな人を見たといわれたことはない。きっといるだろうが。

夢を見た後

「ヨウコって、腐れ縁ていうんでしょうかね。同じ町内で生まれ育ち、同じような家庭環境だったから、小学校から高校まで同じだったのは、特別な縁ではないでしょうけど」

ユイさんによると、ヨウコさんは意地悪だし自己中だし、まったくもって友達になりたい子ではなかった。単なる同級生、何度か同クラスになった子、でしかなかった。

なのに変な共通点、シンクロニシティがときおりあった。よく似た夢を見るのだ。

「ねえねえ変な夢見たよ〜、と大声で誰も聞いてないのに、話すんです。毎日じゃなく、月に一、二度かな。それが必ず、私も見た夢に似ているんです」

たとえばユイさんが、山奥で人の形をしたきらきらするものに追われる夢を見る。ユイさんはそこにあったスコップで応戦し、やっつける。

「私の夢は、追われる、までは同じです。ヨウコは変なものに捕まっちゃう」

その後、二人とも別々にナンパしてきた男にからまれ、ユイさんは逃げきるが、ヨウコさんは連れ去られてかなり強引な行為をさせられてしまったという。

それから二人とも夢で海辺に行き、ぬめぬめした肌色の巨大な貝を見つける。

「私の夢は、海辺で変な貝を見るとこまでです。ヨウコは、食べちゃうの」

その後、二家族がたまに行っていた食堂で食中毒が発生し、ヨウコさんは苦しんだがユイさんは原因となったものを食べなかったので無事だった。

二人とも夢でトイレに腰かけると、自分の中から内臓がどろどろ落ちていく夢を見る。

「私はトイレに腰かけて、水洗の水がごーごー鳴っているところで終わりです」

同じ男に好きになられたが、ユイさんは嫌な気がして断り、彼はヨウコさんと付き合ってすぐ妊娠させ、中絶させたという噂が出回った。

「ヨウコが夢の話をしているとき、私は絶対に同じ夢を見たとはいいません。もうおわかりでしょうが、夢を見た後はヨウコのほうがひどい目に遭うんですよ、現実に」

大学が別になったので、もう会うこともないと思っていた。たまに変な夢を見て、これはヨウコも見たのかな、と思うときもあった。

ヨウコさんのことなど忘れきっていたある夜、夢の中にヨウコさん本人が出てきた。

「タイトルも何もない、本を三冊持ってきました。どれかを読めと。あんたはどれ読むのと聞いたら、真ん中のといいました。私は読まないと、どれも手に取らなかった」

それからしばらくして、ヨウコさんが妻子ありのオジサンと付き合って揉めて激しい暴行を受け、障害が残ったと聞いた。

「素敵な恋愛小説と思って、本を読んだんでしょうか。さすがに可哀想です」

隣のオバサン

タモツくんの部屋にエツコさんが住み始めたとき、それまでタモツくんと近所付き合いのなかった隣の一人暮らしのオバサンが、異様なほど接近してくるようになった。

「本人は、親切のつもりなんですよ。親身になってやっている、みたいな押しつけがましさ。こっちからすると、お節介すら通り越してストーカーでした」

外出するエツコさんをつけ回すだけでなく、日に何度もドアを叩き、窓からののぞきこみ、どうってことないことをいってくる。

「はっきり怖い、気持ち悪いとなったのが、私が妊娠に気づいたときでした」

正直、迷いながら病院から帰ってきたら、ドアの前にオバサンが待ちかまえていた。

「あんた妊娠してるだろ。いきなり、そういい放ったんです。心臓、止まりかけました。オバサンによると、自分は助産師をしていたこともあり、自分でも五人産んでいる。だから顔を見ただけで妊娠しているのがわかるんだ、なんていうんです」

さらに怖いのが、エツコさんが迷っているのも見抜き、

「闇で買える、すごい堕胎薬があるからあげる。あっという間に痛みもなくスルッと堕りるよ。お代はいらない。ご近所のよしみだ、なんていうの。もう怖いし不快だし」

けっこうですっ。強く答えて部屋に戻り、タモツくんを待った。オバサンは玄関の前をぐるぐる歩いていた。ときおり、のぞき込む姿も窓越しに見えた。

帰ってきたタモツくんは、産んでくれ、結婚しようといってくれた。エツコさんは安堵し、涙も流したが。翌日、オバサンに出くわしたら満面の笑顔でいわれた。

「聞いてたわよ〜。産めるのね、よかったわ。私が赤ちゃんの面倒見るわ」

怒りよりも、気持ち悪さと怖さが先に立った。近所の人や大家さんにそれとなく聞き込んだら、オバサンは助産師などしていたことはなく、その歳まで独身でもちろん子どももいないとのことだった。なぜエツコさんに執着するのか、まるでわからなかった。

タモツくんと相談し、引っ越すことにした。エツコさんが先に新居に移り、タモツくんが後から荷物を運び出した。オバサンはタモツくんには関心がなく、知らん顔だった。

新居には、さすがにオバサンは来なかった。エツコさんは無事に、女の子を出産した。退院して娘と家に戻ったその夜、ドアの向こうや窓の下に奇妙な足音を聞いた。片足を引きずるような足音。怖かったけど、これはオバサンじゃないなと思った。

しばらくして、かつての大家さんがお祝いを持って訪ねてきてくれた。大家さんはちょっと辺りを見まわし、こんなことをいった。

「あのオバサンね、事故に遭って足を大怪我したんだよ」

架空のキャラ

ケイタさんは高校を出てから、近所の商店街の店を転々としている。すべてにおいて目立たない存在なのは本人もわかっているし、それでよしとしていたのだが。

独身のまま四十になって、SNSに目覚めた。最初はほぼ実名で本人そのまんまの地味な日常をつぶやいていたのに、いつしか複数の人格と設定を使いわけるようになった。

正義感が強く純粋な十代の名門女子高生、シカちゃん。飄々《ひょうひょう》としたバイク好きのコンビニ店長イシガキさん。関西の大富豪夫人なのに気さくな庶民的オバサンのシンコさん。ちょっと生意気だけど河川敷で野球やサッカーしている溌剌とした大学生リョウくん。

好きな漫画やドラマからキャラクターを借り、自分なりにアレンジしていった。

これも気がつけば架空のキャラはけっこう人気となり、フォロワーがそれぞれ千を超えていた。それぞれオフ会をしようなどといわれ、やんわり断り続けていた。

ちなみにシカちゃんは人気アニメキャラ、イシガキさんは若者に人気のバイク、シンコさんは有名な往年のハリウッド女優、リョウくんはこれまた日本人に人気の歴史上の偉人をアイコンに使い、あからさまに本人じゃないですよと表明していたのに。

ファンになった人はこのアイコンのような美女、カッコイイ男、と想像し妄想し期待してしまう。それを楽しみ、モテ気分も味わっていたのだが、怖いことも起き始めた。

「実はシカちゃん、地蔵みたいなどっしりした中年男って知ってたか」

「イシガキさんは店長じゃなく店員よ。しかも一回り若い店員に顎で使われてる」

「シンコさんセレブなのに、いつも地下鉄××線に乗って安い○○店の服着てる」

「リョウくんのお母さん、実は再婚なんだよね。最初の旦那とは数カ月で別れてる」

といった、ケイタさんの実体を知る書き込みが混じり出したのだ。

ちなみにケイタさんのキャラはみんな相互にフォローはせず、互いに無関係なふりをしていたが、シカちゃんとリョウくんは同一人物だの、シンコさんとイシガキさんは文体が同じで住所も一緒といった情報も入り始めた。

怖いのですべての更新を停止したら、こんなダイレクトメッセージが届き始めた。

「シカちゃんはリョウくんに河川敷で暴行され、通りかかったイシガキさんにバイクで轢かれ、シンコさんが私に任せてとお抱え運転手を呼び、どこかの山道に運んで林の中に捨てた。そこを通りかかると、ぺらぺらなアニメキャラが飛びだして来て手を振る」

店の客に、正体を知るものがいたのか。怖くなって、いったん今の店を辞めた。その日近所の生花店から葬式用の花籠が届き、カードにはシカちゃん、イシガキさん、シンコさん、リョウくんが連名となっていた。

柿の木の女

マリエさんは子どもの頃、お父さんの会社が倒産し、お母さんが腑抜けたようになり、ほぼ逃げるように豪邸から借家へ、名門女子大付属小学校から町立小学校へ転校した。

「田舎だったから家賃は安かったようで、ぼろくて陰気な雰囲気だったけど庭付き二階建てでした。私は二階の一室を自分の部屋にできて、窓から柿の木を眺めながらいろいろ夢想してました。お金持ちの素敵な王子様、早く迎えに来て、なんて」

　ある夜、親がいつものように喧嘩を始めたので部屋にこもり、柿の木を見ていた。するといつの間にか女がしがみついていて、ものすごい形相でマリエさんをにらんだ。

「髪の毛ぼうぼう、痩せて黄土色みたいな肌色。険しい彫りの深い顔で、若いときは美人だったのかもと思わせました。よく木を登れたなと、ちらっと思いました」

　その女はいきなり、お父さんの名前を叫んだ。ここに呼んで来い、と命じた。

「とっさに、お父さんだけ元の家に戻りました、と答えたんです。ここにはいないって」

　そうしてマリエさんは、カーテンを締めた。一時間ほどしてカーテンの隙間から見たら、女は消えていた。親にもいえず、何もなかったことにした。

　しかしそのまま寝て、変な夢を見た。夢の中でワタナベテルコというかつて人気だった歌手が不審死をした、というニュースを見ている。現実の一階の居間で、親もテレビを見ている。親の表情までは覚えてないが、目が覚めてからも妙な生々しさが残っていた。

「親に、夢の話をしたんです。そうしたら親が何ともいえない変な態度を取りました。私は初めて聞く名前だったし、実在する歌手だなんて本当に知らなかった」

当時はスマホもなかったし、ワタナベテルコが活躍したのはマリエさんが生まれる前だった。しかし親は、思いきり話を逸らし、何も聞かなかったかのように振る舞った。

翌日、階下から母親の悲鳴があがった。あの女が来ていた、というのだ。

「警察まで呼ぶ騒ぎとなったのが、夫の昔の愛人が勝手に家に入ってきたといったからです。畳の上にも長い髪の毛がいっぱい散らばってたって。母はパーマかけたショートヘアでした。あ、あの柿の木の女だと思いましたが、怖くて黙ってました」

さらにその翌日、本当にニュースで昔の人気歌手の訃報が流れた。自宅で睡眠薬と多量の酒を飲んでいた。自殺か事故と見られ、事件性はないとのことだった。

「きれいで人気だった頃の映像が流れましたが、柿の木の女でした。それと、父の羽振りが良かったとき、本当に交際していたのも後から知りました」

両親ともに亡くなり、マリエさんは今もあの老朽化した家にひっそり住んでいる。柿の木は不吉なので、切ってしまった。

不幸は火曜日

こじつけだという気もするが、ユキムラさんは火曜日に不幸に見舞われるという。生きていれば何かしらいいことも嫌なこともあるわけで、偶然の巡り合わせ、天災や不運もあれば、はっきり因果関係がわかるものもある。

あの服を着ているといいことがあるとか、最初の客が髪の長い女だと嫌なことがあるとか、個人的なジンクスか法則を持っている人もいるし、厄年だの女は七の倍数で体に変化が起きるだの、古来よりの統計学に基づくものもある。

ともあれユキムラさんは、火曜日を恐れている。

「今月の場合、最初の火曜日は一滴も飲んでないのに飲酒運転の疑いをかけられたのよ。なんの誤作動か、検知器で反応が出たの。呪いじゃないかと思う。

次の火曜が、いつもの駅で変な男にぶつかられたの。ほら、雑踏でわざと女ばかり狙ってぶつかってくる男いるでしょ。歩きスマホ許せないとか、ある種の痴漢ていうか、とにかく女にふれたい奴もいるけど。

悪質なのが、妊婦を狙うやつね。どうせ私はデブで出腹よ。いつもぶかぶかワンピースやチュニックだから、妊婦と間違える愚か者がぶつかってくるの。

あ、でもこの前おもしろいこともあったわ。肥った女装男を妊婦と見てぶつかった男が、『流産したらお前は人殺しだ。にやにやしながら人を殺す奴だ、てめぇは』とか野太い大声で恫喝されて、真っ青になって謝ってたわ。

こないだの火曜は、出会い系で会った男とホテル行ったら幽霊を見たわ。ベッド脇の電気スタンドに、女の子の生首が乗ってた。私にしか見えなかったようだけど」

こんな具合に、ユキムラさんの話はとっちらかってどこまでが嘘で本当で妄想なのかわからないのだが、火曜の不幸を信じているのは確かだ。

「あたし、ひどい生い立ちなのよ。父方の祖母さんがすごい意地悪で、最初の嫁をいじめまくって無理心中に追いこんだの。あたしからいえば腹違いの兄さんが二人、川で死んだわ。最初の嫁さんは実家に戻って、あたしの母が後妻として来たの。

あたしの母は輪をかけて意地悪だったから、今度は祖母さんを自殺に追いこんだ。そして父が失踪して、遠くの山で死んでた。

その死んだ日がみんな、火曜。あたしが生まれたのも火曜で、きっと火曜に死ぬね。父は死ぬ前に遺書を送ってきてたけど、消印がちゃんと火曜の日のものだった」

お母さんがこの前ついに自宅で亡くなったが、日付の変わったばかりの水曜で、ユキムラさんは医者にも警察にも、死亡推定時刻は火曜だと猛烈に抗議したという。

徳光正行
Masayuki Tokumitsu

三人組

立石さんは大手メーカーで働く、ちょっとお酒が好きな勤め人である。

「徳光さん、本当につい先日のことなんですけど『あれ？　どうなってるのこれ？』ってことがあったんですよ」

酔いも回らぬうちに早口で話し始めた。

立石さんはその日もいつものように取引先の営業部に赴いた。そしてまたいつものようにエレベーターに乗ると、営業部がある七階のボタンを押し、辺りに人がいないのを確認した後「閉」のボタンを押し、階数表示パネルを見ながらボーッとしていると、閉まりかけの扉がツーっと開いた。

「んっ？」

ゆっくりと開いた扉の向こうに視線を送る。ペチャクチャと喋りながら三人組の女が乗ってきた。

「んんっ？」

その姿に目を奪われる。一人はバブル期を彷彿とさせるようなショッキングピンクのボディコンスーツ、もう一人も鮮血のように真っ赤なボディコンスーツ、そしてもう一人も毒ガエルのようなオレンジのボディコンスーツを身にまとっている。三者とも顔立ちこそ端正なのだが「昨日もシャンパンパーティーがあった」だの「土日はクルーザーに乗った」だの、会話に品がない。

そしてさらに下品に感じたのは、安っぽくて強烈な香水の臭いだった。

三人は立石さんの存在などまったくないかのように横を通り過ぎ、エレベーター内の後方に陣取りくだらない会話を続けている。やがて、エレベーターは五階で止まった。

扉が開く。

「えっ?」

眼前に現れたのは下品三人娘と同じ服装をした三人組の女だった。

呆気にとられ目を見開き、凝視するが雰囲気が違う。格好こそ同じなのだが、目の前の三人はそれぞれ視線を床に送り、まったく会話などすることなく、申し訳なさそうにエレベーターに乗り込んできた。そして真ん中に立つ真っ赤なボディコンスーツの女がこれまた申し訳なさそうに立石さんに頭を下げなら九階のボタンを押した。

「格好のわりに謙虚だな」

そう思っていると、違和感に苛まれていることに気づいた。

先ほどまでペチャクチャ喋っていた三人組の声が後方から聞こえない、そして何より異を感じたのはあの安っぽい香水の臭いがまったくなくなったのだ。

首をかしげ後方を振り返ると、一階から乗っていた三人組の姿はなかった。

今同乗しているのは、五階から乗ってきた、ボディコンスーツこそまとっているが自信なさげに背を丸めている目の前の三人組だけだった。

違和感と背筋を伝う冷たいものを感じながら、目的階到着を願っているとエレベーターは七階に止まった。

目の前の三人組に頭を下げ、そそくさとエレベーターを降りると、後方からクスクスと笑い声が聞こえる。

振り返るとイヤな思いをすると思い、そのまま営業部に向かおうとした。しかし好奇心が勝ってしまい、後方に視線を送ると、ボディコンスーツを着た六人の中年女がこちらを指差して口角をニッと上げて笑っていた。


「やっぱり、先方の営業部の人たちにその話をすると『頭おかしいんじゃないか?』と思われそうなので、話せなかったんですよ。で、こういう話は徳光さんにするのがいいと思って、今日会ったので話しちゃいました」

なんともいえない表情で話す立石さんに、

「振り返った時に見た女たちの顔って全部同じになってなかったですか？」

そう聞くと「あっ」と言い、しばらくの沈黙ののちに立石さんは無言で頷いた。

「立石さんの得意先のある場所って、よくムジナが人を化かすって言われていた地域なんですよ」

スマホで情報を見せると立石さんの表情から血の気が引いた。私は実にちょっとだけ申し訳なく思い、焼酎のソーダ割りを三杯おごるといつものように真っ赤な酔い顔に戻ったので、安心して店を後にした。

記憶

「こんなおじさんになった今でも、トラウマになってるんですけどね」

私と同世代の常田さんが話してくれたのは、幼少期に訪れたことのあるという遊園地の話だった。

東京ディズニーランドの出現によって日本の遊園地事情というか勢力分布図は一気に変わってしまった。しかし、昭和中期から後期にはデパートの屋上などの小規模なものから豊島園やよみうりランドのような大規模のもの、そして中規模なそれなりの遊園地なんていう作りのものが各地にあった。


常田さんの地元であるQ県にもそれなりの遊園地があったそうだ。

両親そして二つ年上のお兄さんと度々訪れていたそうで、常田家の楽しい行事といえばT遊園地に行くことだった。

「今思えば、凄いジェットコースターがあったりするわけではなかったのですが、小学校低学年の自分たちにとってはほど良い遊園地だったたんですよね」

そう目を細める常田さんだったが、ひとつだけ苦手なものがあった。「海底探検」というアトラクションだった。

「お化け屋敷」も得意ではなかったが、それは陳腐さに救われたのか楽しめる範囲だった。

「海底探検」は陳腐ではあったのだが妙なリアリティがあって恐ろしく、いつも入口で立ち竦んでしまった。しかし、お兄さんの意見は絶対で、いつも嫌々ながら薄汚いトロッコに同乗させられていた。

スタートすると水色のビニールで出来たヒラヒラの暖簾もどきを潜り、辺りが深海色の濃いブルーに覆われていく。そしてしばらく行くとアンコウやウツボといった深海魚の模型が出て来る。ランプが入った目が点滅するところに少々怖さは感じていたが、まだ全然耐えられるレベルだった。

トロッコがキーキーと不安な音を立ててさらに進むと、沈没した海賊船の模型が出現する。安っぽい金銀財宝を模したオブジェの隣に横たわる海賊たちの死体だけが妙にリアルで、その中でもバンダナにアイパッチをした海賊は、本物の死体にしか見えなかった。

毎回そこを通過する時に大泣きして、お兄さんの格好の笑いのタネになっていた。

ここまでの記憶は今でもお兄さんと昔話をする時に共有できている。

が、この先の記憶が二人で食い違ってしまうのだ。

お兄さんの記憶では、海賊船を見た後、巨大な深海魚の口に飲み込まれると終点で外に出られる。

常田さんの記憶だと、海賊船にいた死体たちに追いかけられて命からがら脱出する。

「なるほど。ちょっと口を挟んでいいですか？　トロッコに乗ってるんですよね？　だとしたら、命からがら逃げるっていう演出は難しくはないですか？」

私が余計なことを言うと、

「確かにそうなんです。なので兄とは、死体に追われながら深海魚の口に飲み込まれるってことにしようってなったんです」

「えっ？　それで終わりですか？」

そんな話をまさか書き起こすことなど出来ないと思った私が思わず声を上げると、

「いや、それがね。親に聞いても地元の友達に聞いても、確かに当時、遊園地はあったけどそんなアトラクションはなかったたって言うんですよ」

記憶違いか？　そう一瞬思ったが、常田さん一人ならわかるが、お兄さんと二人して記憶違いをしているとは思えない。

疑り深い私なので、その場でお兄さんとも電話で話させてもらったのだが、お兄さんも確かにあったと言う。いい大人が二人で共謀して、こんな陳腐な嘘をつくとも思えない。

そしてお兄さんとの電話が済んだ後、その場でその遊園地の情報を調べたのだが、アトラクションの説明に「海底探検」はなかった。

「そうなんです、ないことになってるんです。でも、私と兄の中では今でも海底探検は存在しているんです」

そう言って常田さんは深くお辞儀をするとその場を後にした。

常田さんが帰った後、バーテンダーに、

「常田さんてちょっとおかしな人なの？」

と、問うと、

「いやいや、普通ですし真面目な方ですよ。で、徳光さんの話をしたら、どうしても聞いてほしい話があると仰ってたので今日ご紹介したのです」

との答えが返ってきた。

鍵ドロボー

教師の奇行ものというのは以前の著書の中でも書かせて頂いたのだが、またまた変な話を聞いたので今回も取り上げてみようと思う。

昨今、教師の不祥事が後を絶たない、というかニュースとして取り上げられている。我々の学生時代にはまだ、教師に権威のようなものがあったので、そういったニュースを目にする機会はなかったように思うが、当時から不祥事はあっても、それがあまり報道されなかっただけなのかもしれない。

さておき、和田さんの学生時代に起こった出来事である。

和田さんの担任だった川口先生は、誰に対しても分け隔てなく接し、クラスの生徒のみならず、中学校全体の母親のような存在だった。

担任にも恵まれて穏やかな学校生活を送っているある日、ちょっとしたことが起こった。遠方から通う生徒には自転車通学が認められていたのだが、その生徒たちの自転車の鍵や自転車通勤をする教師の自転車の鍵がいっせいに盗まれるという、なんともヘンテコな事件が起こったのだ。

学校の駐輪場に自転車を停めていて盗まれる心配もなかったので、皆、鍵をかける習慣がなかった。それが良くなかったとも言えるが、勝手に鍵をかけられて、その鍵がなくなるという随分と意地悪な事件だった。

自転車通学をする生徒たちは仕方なく鍵の本体を外して帰路に就くのだが、なんとも心地の悪い状況だ。

たった一日そんなことがあって、お互いが疑心暗鬼にもなったりしたのだが、結局犯人は見つからずで、再び穏やかな日々が戻った矢先のこと。今度は、駅前に駐輪してある自転車の鍵が盗まれるという事件が起こった。

これは犯人は恐らく同一犯だろうと、町の駐在さんも捜査に乗り出したが、やはり犯人は見つからなかった。

防犯カメラがそこら中にある現代だったら、すぐにわかりそうなものだがそういう時代だったのだ。

そしてある日の朝礼でのこと。

校長が朝の挨拶をし、各スポーツ大会で優秀な成績をおさめた者たちの紹介が終わると、川口先生がいきなり朝礼台に上がった。

花柄の手提げ袋を持った川口先生はマイクを握った。

「あー、あー、テストテスト」

いつもの穏やかな先生とは違い、少しガサツな感じでマイクテストめいたことをすると声を上げた。

「皆さんにお知らせがあります。ほら、自転車の鍵が盗まれる事件があったでしょ〜。あれ、私がやったんです」

そう言うと手提げ袋に手を突っ込んで、何かをジャラジャラと生徒たちに向かい撒き始める。大量の自転車の鍵だった。

「やっとです、やっとアイツから……」

一連の行動に呆気にとられていた他の教師たちが我にかえり、川口先生を取り押さえると両脇を抱え、引き摺るよう校舎の裏へと運んでいった。

その日以来、川口先生が学校に来ることはなかった。

それまでは誰からも好かれていた先生だっただけに、和田さんをはじめ生徒たちは川口先生の消息を教師たちに質したが、全員口を閉ざして話題を逸らすだけだった。


数十年後、同窓会が行われた時のこと。

当時、川口先生と仲の良かった教師に、あの出来事の話をすると、急に顔色を変えてはぐらかそうとしたのだが、朝礼台で川口先生が言い残した「アイツ」という言葉が気になって仕方がなかった和田さんがしつこく追及すると、

「気の毒だったわ、川口先生。あの後、入院したんだけど、退院したらすぐに自殺しちゃったの。それでね……」

教師は涙声になりながら続けた。

「私宛に死ぬ間際に書いたらしい手紙が届いてたの。そこには『まだアイツが自転車で追いかけてくる。逃げないとやられる』って。たったそれだけ、書かれた手紙よ」

一気に憔悴してしまった教師を見て、和田さんは申し訳ないことをしてしまったと後悔した。

誰からも愛された川口先生の人生を狂わせた「アイツ」の正体はわかっていない。

はたして「アイツ」は存在する者なのか否かもわからない。

風子さんの家

上谷さんと私はほぼ同世代なので、初めて会った時から話が合い、食事も度々同席する仲の方である。上谷さんが生まれ育ったのは、潮風が香る海のある街で、これも私が育った環境に近い。

「今だったら考えられないですけど、昭和って色々と緩かったですよね」

上谷さんの言葉に私が頷くと、ゆっくりとした口調で語り出してくれた。

上谷さんが通っていた小学校から海までの距離は、小学生の足でおよそ五分くらいだったそうだ。上谷さんの家は海とは逆方向にあったため、海岸に背を向けて下校するのが常だった。

「上谷、風子さんって知ってる？」

ある日の下校途中に同級生の日山が突然「風子さん」という聞いたことがない名前を出してきた。

「誰それ？」

上谷さんがキョトンとすると、

「和田から聞いたんだけど、海の近くに風子さんって人が住んでて、その人の家に行くとお菓子は食べ放題だし漫画もいっぱいあるらしいんだ。場所はだいたいわかってるから、今日、行ってみない？」

日山はイタズラっぽく笑みを浮かべると、上谷さんの手を引き、海の方に向かおうとした。

「ちょっと、待ってよ。一回、カバン置いてからにしようよ」

心配性の母の顔がチラついた上谷さんが踏ん張ると、

「ちぇっ、なんだよ。じゃあ、カバン置いたらいつもの十字路な」

日山と別れた上谷さんは家にカバンを置くと、

「海に行ってくる。五時までには帰ってくるから」

と母に伝えて、自転車に跨り十字路に向かった。

すでに日山は到着していて、その「風子さん」という人の家に向かった。

なんとなくではあるが母に罪悪感を感じながら……。

先を急ぐ日山の後を追い、息を切らしながらペダルを漕ぐと「風子さん」という人の家に到着した。

「風子さん」という人の家は、波音も聞こえるくらい海沿いの場所にあった。文化住宅の一軒家で、外見は決して立派と呼べる建物ではなかった。

〈ビーー〉

日山が呼び出しボタンを鳴らすと、ドアがガチャリと開いた。

「どなた?」

ドアの向こうから顔を覗かせたのは、黒い袖なしのロングワンピースを着た、今までには会ったことのないような綺麗な女性だった。

「今思えば、初めて異性を感じたのはあの時の風子さんだったかもしれません。恥ずかしい話ですが、目が合った時に疼いたあの快感は今でも鮮明に覚えてます」

性を意識した瞬間を遠い目で語ると、上谷さんは話を戻し、続けた。

日山も恐らく同じような疼《うず》きを感じたのだろう。

「あの〜、和田から聞いたんですけど」

モジモジしながら視線を落とし、そう言うと、

「あっ、あなたたち、和田くんの友達ね。和田くんも来てるわよ、お上がんなさい」

綺麗な水色のスリッパを二つ出してくれた。家に上がり整頓された台所を抜け、引き戸を開けた先の居間は、これまた外観とは違い洒落《しゃれ》た雰囲気だった。フカフカの白い絨毯が敷かれシャクナゲが生けられた花瓶が乗った猫足のテーブルが置かれていた。

そしてテーブルに沿うようにある真っ赤なソファーには、ジュースの入ったコップに刺さったストローを咥えながら寝そべり、漫画を読む和田がいた。

「よー、よく来たな」

我が家のように寛ぎ、偉そうにしている和田に、

「和田くん、お友達にそんな口の利き方はよくないわよ」

風子さんが少し強い口調で注意すると、

「は〜いっ」

バツの悪そうに漫画を置き、体を起こした。

「よし！　いい子ね」

風子さんは和田の頭を撫でると、台所に向かった。

「おい、和田。風子さんって何者なんだ？　なんで知り合いになったの？」

羨望の意味も込めて上谷さんが問うと、

「ちょっと前に、駅前の商店街で風子さんがお財布を落としたのを見て追いかけて渡した

ら、お礼って言ってここに連れてきてくれて、お菓子とかジュースとかご馳走になったんだよね」

少し自慢気な表情を浮かべて話す和田の後ろから、

「ジュースとお菓子の用意ができたわよ」

風子さんの声が聞こえてきた。

花柄の皿に盛られたチョコレートやクッキーは、嗅いだことのないような甘い香りを放ち、上谷さんが暮らす街では売っていないような代物だった。そしてひと口つまむと、想像を超える上品な甘さが口いっぱいに拡がった。

今このひと時が、すべて体験したことのない夢のような空間だった。

しかし、一つだけ違和感を感じるものがあった。窓際の棚の上に置かれているホコリを被ったオンボロの古時計だ。チラチラそれに視線を送っていると、

「あれは私にとって、とても大切な思い出の時計なの。あれに触らないでね。イタズラなんてしたら鬼婆になっちゃうから、気をつけてね」

風子さんは優しい笑みを浮かべながら、額の上に両手の人差し指を立てた。

あまりの居心地にウトウトしてしまい三人が寝息を立てていると、

「もう四時半になるわよ。おうちの方が心配するといけないから、今日は帰りなさい」

頭上から声が聞こえてきた。

三人は目を擦りヨダレを拭うと風子さんの家を後にした。

「風子さん、ありがとう。またね～」

礼を言い手を振ると、風子さんは三人が見えなくなるまで手を振り返していてくれた。

上谷さんは帰宅して風呂に入りやがて夕食となったのだが、先ほどの飛びっきり甘味なチョコレートのせいで全然食欲がわかない。珍しく晩御飯を残すと、そのまま眠りについてしまった。


しばらく三人は他で遊ぶことをせずに、放課後は風子さんの家に入り浸っていた。

しかしある日、その甘美な生活は突然終焉を迎えた。

上谷さんがいつものようにソファーに寝っ転がって漫画を読んでいた時に、何かの拍子で棚に足をぶつけて時計を落としてしまった。

〈ガシャッ〉

まずいと思って、時計を拾い上げると、背中に気配を感じた。振り向くと眉間に皺を寄せた風子さんが立っていた。

「なにしてるの？」

憤怒に満ちた声色の風子さんに、

「ごめん、足がぶつかっちゃって。今、置こうとしたところ」

か細い声で言い訳をすると、

「ごめんじゃ済まないいんだよ、クソガキ！　私の時空をどうしてくれんだ、お前なんかが、どうにかできるのかよ。ああ、歪みが、歪みがー！」

聞いたことのない汚い言葉使いで捲し立てると、

「出てけーーー、帰れって言ってんだろ。このゴミ屑！」

金切り声を出しながらホウキを振り上げると、そこらにある物を滅多滅多に破壊しだした。三人はあまりの変貌ぶりに腰を抜かしていると、

「早く、今のうちに帰って。帰らないと、大変なことをしちゃう」

急にいつもの優しい声になった風子さんが玄関を指差した。

慌てて外に飛び出た三人が自転車に跨ろうとすると、

〈ガシャーン！　ドス、ドス！　ボコ！〉

家の中から破壊音が聞こえてくる。

わき目も振らず全力で自転車を漕ぎ、風子さんの家から遠ざかった。

「どうしよう、どうしよう。もう絶対に行かないほうがいいよな？　なんでお前あんなこ

としたんだよ」

十字路で自転車を止めた二人に、泣きながら鼻を啜りながら詰められた上谷さんは、

「ごめん、全部俺が悪いから。俺が一人で謝りに行くから、許して」

やはり泣きながら平謝りする他なかった。


翌日、約束通り風子さんの家に謝りに行ったのだが、呼び鈴を鳴らしても一向に出てこないし、人の気配も感じない。

その翌日も翌々日も謝りに行ったのだが、一向に扉が開くことはなかった。

そして、今日が最後と決めた二週間後、上谷さんが呼び鈴を鳴らすと、

〈カチャリッ〉

内側から鍵が開く音が聞こえ、ギーッと音を立ててドアが開いた。

「どなた～？」

真っ暗闇の室内からヌーッと顔を出したのは、金髪と白髪がまだらになった皺《しわ》くちゃの老婆だった。

上谷さんは驚きで震える手を押さえながら、

「あの、風子さんに謝りたくて来ました、風子さんは？」

やっと、そう言葉を口にすると、

「風子？　私が風子だけど、あなたさんは誰でしたっけ？　どこかのお孫さんでしたっけ？」

ゆっくりゆっくりと話し出した。

「あの～風子さんは？　風子さん？　ごめんなさい」

気が動転して訳もわからずに謝ると、

「あなたに謝られることなんてあったかしらね～、まあ何があったか知らないけれど、子供なんだからいろいろ気にしないで頑張りなさいよ」

風子さんを名乗る老婆はそう言って、前掛けのポケットを弄るとチョコレートを取り出した。呆気にとられたままの上谷さんにそれを渡すとドアを閉めた。

手渡されたチョコレートからは、花柄の皿に盛られていた、いつものあの甘い香りが漂ってきた。

まったく違う意味合いの涙が頬を伝うのが、小学生の上谷さんにも理解出来た。

翌日、和田と日山にその話を報告すると信じてくれなかったが、風子さんの家に行こうとなったので向かってみると、ドアノブに「空家」という看板がぶら下がっていた。

その後、二人とは中学も別になり疎遠になってしまっているが、いつかこの思い出話をしてみたいと上谷さんは言う。

そこで最後にひとつ、悪趣味な質問をしてみた。

「上谷さん、謝りに行く時、怖くなかったですか？　だって鬼婆に変貌した風子さんに謝るんですよ？　殺されてもおかしくないじゃないですか。僕だったら謝りに行ったふりをしますよ」

そう言う私に、

「確かにそれも考えました。でもね、いい思い出の方が多かったわけだし、時間としても長かったわけですよ。そして風子さんが怒り狂っていた時、一瞬、素に戻って『早く、今のうちに帰って。帰らないと、大変なことをしちゃう』と言ったあの目が忘れられなくてね。それが一番大きいかな」

上谷さんにとっては温かく優しい思い出だったと思える言葉を返してくれた。

うーん、少し自己嫌悪が。

代々

坂木さんの家は代々女系家族で、本家の家系で男が生まれたのは六代前まで遡らないといけない。

そんな坂木家の長女として生まれたのが坂木さんだった。

父も祖父も曽祖父も婿養子で、坂木家に婿として入ることに異を唱えるようなことのない穏やかな男たちだった。


さておき、幼少期の頃から夏休みになると、本家があるT県で過ごすことが坂木さん家族の習慣だった。

都会生まれ都会育ちの坂木さんにとって、山の緑や川のせせらぎに囲まれたT県で過ごす夏休みは至上の時間だった。

ただ漆黒の闇に覆われる夜が得意ではなく、静寂の隙間から聞こえる虫の音やウシガエルの「グーグー」という地底から響くような鳴き声には恐怖すら感じていた。

その中でも一番苦手だったのは、坂木本家の寝室にある古びた木目の天井だった。

天井の木目模様が人の顔に見えるというのは怪談でよく聞く話だが、坂木さんが感じていた違和感は模様がどうこうではなく、天井そのものから感じる気配だった。

祖母にその感情を伝えると、

「気にしなくていいのよ。まだ大丈夫、まだ大丈夫」

とニコニコと返すばかりで埒があかない。母に話しても、

「うん、なんでもないのよ。お母さんも小さい頃、そう思ったけど、まだ大丈夫」

そう返されるだけだった。幼いながらに、「まだ」という言葉が引っかかっていたが、
歳を重ねるにつれ天井にも慣れてきて、すっかり熟睡できるまでになった。

そして小学生最後の夏休みに本家を訪れたある晩のことだった。

気にならなくなっていたはずの天井がどうにも気になって、寝つきが悪い。何度も寝返りを打つのだが、一向に眠気がやって来ない。

〈トントン〉

背中を叩かれたので母親の方を向くと、母親は熟睡している。

（おかしいな）

そう思って反対に寝返りを打とうとした時、たまたま天井を見てしまった。

〈ギロッ〉

天井の対角線上の両端に目が光っていた。左右にひとつずつ、光った目はスーッとゆっ

くり中央に向かって動き出すと、坂木さんの真上で動きを止めた。そして天井からじわじわと浮き出てきて顔の形を作ると、坂木さんの眼前まで迫ってきた。

声を出そうにも出さない、左右にいる両親を起こそうにも手足の自由も利かない。

目だけから顔になったモノがニヤッと口角を上げると、不自由が解け、

「ギャーーーーーーーー」

全身の力を振り絞って大声で叫んだ。

両親は飛び起き、祖父母も寝室に駆けつけた。

坂木さんが興奮状態ながら事情を伝えると、

「来ちゃったのね、でもしょうがないわ。そういうことだから」

肩を落としてゆっくりと祖母は寝室に帰っていった。

「そういうことって、何?」

二つの感情が入り混じり涙しながら、母に問うと、

「そういうことなの、仕方ないの」

母も涙を溜めながら返すと覚悟を決めたように掛け布団を翻し、坂木さんに背を向けて眠りについた。いや、眠りにつくふりをしたのだろう。

あまりにもなことが起こりすぎて動揺で眠りにつけないと思っていた坂木さんだったが、

思いの外すぐに眠りについてしまった。

翌朝、目を覚ますと、両親はすでに寝室にはおらず、居間に向かうと両親と祖父が肩を落してシクシクと鼻を啜っていた。

「どうしたの?」

母親の顔を覗き込むと、

「おばあちゃんが今朝亡くなっていたのよ」

そう言うと母は溜めていた感情を吐き出すように号泣し出した。

それにつられて、祖父も父親も大粒の涙を流し始めた。

「おばあちゃん」

祖母の寝室に駆け足で向かうと、祖母の顔にはすでに白い布がかかっていた。白い布を両手で捲り顔を覗くと、祖母は何かを達観したかのように安らかな表情を浮かべていた。

その顔を見た瞬間に坂木さんの頬に大粒の涙がつたってきた。

通夜が執り行われ葬式が済むと、母親に呼ばれて二人きりで話すこととなった。

「あなたが大きくなるまでには言わなきゃいけなかったのだけど、うちはねあの目が出てきてそれを見ちゃうと、二代前の、そう、あなたにとってのおばあちゃんが『お役目』を終えて亡くならなきゃいけなくなってるの。私もあなたと同じくらいの頃、あの『目』を見てしまって、あなたにとってのひいおばあちゃんが亡くなる日に居合わせたわ。何代前も何代前もずっと、そうやって女家系なのに女が亡くなってしまうの。理由はわからないけどどうしたって逆らえないの。ごめんね、こんなこと言って。でも、あなたには伝えないといけなくて」

母親は涙を堪えながらしっかりと坂木さんの目を見て、坂木家の悲しい宿命を話してくれた。

時が過ぎ坂木さんも成人になった頃、祖父も亡くなった。

坂木家本家が空き家になり、母が頻繁に空気の入れ替えに行き来をして、そろそろ両親が本家に移り住もうかと悩んでいる時に、坂木さんの妊娠が発覚した。

まだ学生だったので両親にはなかなか言い出せなかったのだが、意を決して母親に打ち明けた。

「そうなのね、相手は海野くんでしょ？　彼も働いてるんだから、お母さんは祝福するわ。お父さんには私から伝えるから、あなたは海野くんを連れて一緒に挨拶しなさい」

意外にも笑顔で喜んでくれて、ちょっとした段取りまで提案してくれた。

はじめは渋った父親だったが、初孫の誕生を楽しみにするようになっていった。

ただ、坂木一家が気になるのは生まれてくる子が「男」か「女」ということだ。女の子が生まれてきて、本家の天井のあの「目」を見てしまうと、母親が天寿を全うできなくなるのが宿命だ。

月日が経ってもなかなか「男」か「女」が判明しない、医学的見地からしても極めて稀なケースで産婦人科医も坂木さん一家も困惑している。と、

「男の子が生まれてくると思うんだよね」

なんの事情も知らずに、いや、知らせずにいた海野くんが呑気に言うと、なぜか坂木さん家族は安心のようなため息を吐いた。

そして坂木さんを陣痛が襲い、ついに出産の時が訪れた。

「オギャーっ」

元気な鳴き声が分娩室に響き渡った。

「おー、なかなか元気な男の子ですね。この子はすくすく育ちますよ」

産婦人科医の言葉に安堵し気を失いかけたその時、看護師に知らされたのだろう。待合室にいた三人からの歓喜の声も聞こえてきた。

翌朝、母親が大慌てで病室に飛び込んできた。まだ、意識朦朧《もうろう》とする坂木さんに、

「ねえ、大変なことが起こったの。すぐに本家に行かなきゃいけなくなっちゃった。あと

は海野くんのお母さんにお願いしたから、宜しくね」

そう言うとまた病室を飛び出していった。

さらに翌日、海野くんのお母さんに尋ねると、母親が話していた大変なこととは、坂木家本家が不審火によって全焼したという知らせだった。

「思い出も詰まった本家だったけど、これで何かがすべて終わった気がしました。坂木家だって別に継がなきゃいけない名家じゃないですから、私は海野家に嫁ぎました。両親も気にすることなく喜んでくれています」

そう言うと幼子の手を引き、坂木さんいや海野さんは雑踏に消えていった。

カゲガオクレル

幼き頃は世間一般で言う霊感があったという井村さん。

高校に入学した辺りからその霊感が影を潜めたのだが、違う能力めいたものが顔をのぞかせてきたそうだ。

「小さい頃は、周りの人たちが視えてないじいさんが視えたり、聞こえないはずの声が聞こえちゃったりして、気味悪がられてましたね。なので、視えたり聞こえたりしても、口にしないようになりましたし、なるべくチャンネルというのかな、そういうのを感じないように努めてました、でも……」

「でも?」

私が問うと、

「はい、でもというか、思春期頃からだんだんと視えたり聞こえなくなってきたんです」

「それは井村さんにとっては嬉しかった?」

その私の返しから話は始まった。

「嬉しいとかではなく、楽になったと言うのが正しい表現ですかね。でも……」

さらに「でも」が入ってきた。

「はい、でも、視えなくなった代わりというか、普通に生きている人の影が遅れるのが視えるようになったんです」

「えっ、影が遅れる？　なんですかそれは？」

ちょっと意味がわからなかったので腰を折ると、

「普通、影って、まあ当たり前なんですけど、人の動きと同じ動きをするじゃないですか？　それが影の動きがズレるというか遅れて視える場合があるんですよ。もちろん、全員じゃないんですが、たまに」

「すみません、霊感の話は置いといて、それは目の錯覚とか、井村さんの疲れ目のせいだったりしませんか？」

思ったことを口にしたら、井村さんは感情を出すことなく淡々と、

「たとえ、錯覚でも疲れ目でもいいのですが、その遅れて視える人に共通するものがありまして、大体、それを視えちゃった人って、一週間から十日以内に亡くなってしまうんです。初めて視たのが、当時向かいに住んでいた幼馴染みのお父さんでそれが視えてから三日後に急性心不全で亡くなって、次に視たのが大学の同級生でそれは一週間後に自殺しました。その他にも四人くらい視ちゃってるんですが、私にはどうすることもできないので本人に言ったことはないんです」

「影が薄くなる」「その人が透けて視える」ようになると死期が近づいているというのは、霊感がある方の意見として耳にしたことがあるが、「影がズレる、遅れる」と死期が近いというのは、初めて聞いた。

臆病者の代表選手である私が恐る恐る自身の影について尋ねると、

「あー、徳光さんは大丈夫だと思いますよ。全然」

ホッとして安堵の表情を浮かべると、

「そうだ、ここまで、私の霊体験というか、こんな話に付き合っていただいたので、もう一軒行きません？」

井村さんのお誘いに乗り次の店に向かう道すがら、

「先ほどの店員の彼女、影がズレていたんです。言うか言うまいか迷ったんですけど、どうしましょう」

井村さんの言葉に、

「えっ、言ってあげてください」

私が声を荒らげると、

「教えてあげても、どうにもならないんですよ。過去にも先方が嫌な気持ちにならないように注意を促したことはあったのですが、やはりどうにもならなかったことがあるんです」

井村さんは視線を落とし言葉を返してきた。

私は井村さんなりの無念を感じ取り、言葉を返すことができなかった。

そしてもう一軒目の店もお開きになりそれぞれ家路に就いた。


翌日、井村さんと会った飲み屋に顔を出すと、影がズレていたと言われた女性店員はいつも通りの朗らかな笑顔で接客をしていた。

少し安心をしてというかいつも通りホロ酔いで店を後にする際、事故や病気に気をつけるようにと伝えると、

「お父さんみたいですよね。はい、気をつけます」

笑顔で見送りをしてくれたのだが、彼女の笑顔を見たのはそれが最後となってしまった。

その夜が明けた朝方、女性店員は交通事故に巻き込まれて亡くなったという報を店長から聞かされたのはさらに翌日の夜だった。

「どうにもならない」

井村さんの言葉が重く突き刺さった、それ以来、なんとなくその店には行けないでいる。

おめでとう

高校を卒業後、大学に通うために上京した保美さんが二十歳の誕生日を迎えた日のことである。

バイト帰りの電車の中で母からの着信があったのだが、小声で「折り返す」と伝え電話を切った。

駅からの家路で掛け直しても良かったのだが、久しぶりの電話だったので、帰宅後にゆっくりと話そうと思い帰り道を急いだ。

「あの〜」

季節はずれのコートを着て大きな手提げ袋を持った母と同じくらいの年齢の女性に話しかけられた。なんでも、知り合いの家を探しているという。保美さんもそこまで辺りに詳しくはないのだが、なんとなくはわかったので、道を説明してあげた。

女性は深々と頭を下げると、説明通りの方向に歩き出した。

そしてやっとアパートに着き部屋着に着替えると、母に折り返しの電話をした。

「おめでとう」

母の第一声は予想どおり、保美さんの誕生日をお祝いする言葉だった。

と、その瞬間、
〈パタン〉
郵便受けから何かが落ちてくる音が聞こえてきた。
〈ドサドサドサドサ〉
「お母さん、ちょっと、待って」
保美さんが郵便受けに目をやると、大量のＡ４紙が落ち広がっていた。

「おめでとうおめ……」

どの紙にも小さい文字でビッシリと「おめでとう」と書き込まれていた。
「ギャーーーーーっ」
あまりのことに悲鳴を上げると、

「どうしたの？　保美、大丈夫、何があったの？」

娘を案じる母の声が電話の向こうから聞こえてきた。

保美さんがたった今目の前で起こった出来事を説明すると、戸締りをしっかりして、とにかく警察に連絡しなさいとの指示があったので、母との電話を切りすぐに一一〇番をした。

幸いにもすぐ駆けつけてくれるとのことだったので、肩を震わせ待っていると、本当にすぐに警察官が駆けつけてくれた。事情を伝え、大量のA4紙という証拠を見せると、近辺のパトロールを強化すると言って警察官は帰っていった。

カーテンの隙間から警察官が立ち去るのを見届け、カーテンを閉めようとした時、電柱の横にある人影が目に入った。

先ほどの季節はずれのコートを着た女だった。

女は保美さんと目が合うと爪をガリガリ噛みながら、その場を後にした。

すぐにもう一度、一一〇番をし、再び駆けつけた警察官に女の特徴を伝えたのだが、今度は少し面倒くさそうに、再び「近辺のパトロールを強化する」と言って帰っていった。

眠れぬ夜を過ごし、登校のため玄関を出ると、

「おめでとう、また一歩、死に近づいたね」

真っ赤な文字で書かれた紙がドアに貼り付いていた。
それ以来、何も変わったことは起きていない。
二十歳になった、たったその一日だけに起きた奇異である。

挨拶

「怪談というか、本当に嫌な話をしますね」

　私が怪談本の執筆をしていると話した時にそう切り出してきた優希さん、彼女にとっての嫌な話とはどんな話なのだろうか？　興味があったので、話を聞くことにした。


　ある日の朝、優希さんが出勤するためにマンションを出ると、向かいのマンションで引っ越し作業をしていた。すると、

「あっ、お世話になりました。引っ越すんですよ」

　引っ越し作業中の男に挨拶をされた。向かいのマンションに住んでいたのだろうが、もちろん今まで会ったこともないし、まして挨拶などはしたこともない。

「はあ」

　キョトンとする優希さんに、

「あっ、入れときますね。では失礼します」

　男はキャップのつばを握り会釈すると、引き続き作業に取り掛かった。

　優希さんも急いでいたのもあって、その場を後にした。

なにかしっくりこないし、少し怖さも感じたので、彼氏に連絡をしてみた。その日は会う約束をしていなかったのだが、事情を話すと会おうということになり、待ち合わせをして優希さんのマンションへと向かった。

オートロックを開けポストボックスのダイヤルを回すと、お気に入りブランドの紙袋が入っていた。

「なにこれ?」

彼氏と目を見合わせると、

「なんだこれ? 心当たりがないなら捨てちゃえよ」

と、言われた。

「そうだね」

とは言ったものの、少々の下心がよぎったので、

「部屋で開けてもいい?」

そう言い直して部屋に持ち帰ることにした。

中身を見ると、ずっと欲しかったそのブランドのパスケースが入っていた。

「やだ、なんでだろう?」

少し笑みを浮かべてしまうと、

「おい、手紙が入ってるぞ」

彼氏の言葉にハッとして紙袋を覗くと可愛らしいピンクの便箋が入っていた。便箋の中には手紙が三枚ほど入っていた。

そこには優希さんに対する想いが綺麗な書体でツラツラと書かれてあった。

が、最後の一枚に、

「見損ないましたよ、優希さん。男を連れ込むなんて。私のような聖人にとって、あなたのその貞操観念のなさが許せないわけです。よって引っ越しを決意したわけです。おまえなどにはもう興味はない。さらば、淫乱女」

赤文字で乱雑に書き殴られてあった。

「ヒっ！」

手にしたパスケースを落とすと〈ピンポーン〉と、マンションの共同玄関のインターホンが鳴った。彼氏がモニターを覗くと、キャップを被った男が立っていた。

「こいつ、朝いたやつ！」

優希さんが声を震わせた。続けて彼氏がモニター越しに、

「おい、てめえ、なんなんだ」

怒りに満ちた怒号を上げると、男が逃げる姿が映し出された。

急いで彼氏は共同玄関に向かったが、玄関にも外にも男の姿はなかった。

その晩から彼氏に泊まってもらい数日が過ぎたある日、部屋の玄関に手提げ袋が掛かっていた。恐る恐る中を覗くとクリアファイルケースが入っていたので取り出した。

そこには「優希の日常」と書かれた一枚の紙と、きっちりと整頓された写真が貼りこまれた紙の束が入っていた。

カーテンのわずかな隙間から覗く優希さんの姿が数十枚、そして途中からは彼氏との仲睦ましい写真が数十枚。彼氏の写真の顔の部分はえぐりとられていた。

恐怖に身を震わせたが、それらの写真は彼氏に見せることなく処分した。


「嫌でもありますし、腹が立つ話ですね。その後、何かあったりしました?」

最後にそう聞くと、

「何にもないです。変に逆上されて、私や彼に危害があっても嫌なのでホッとしています。彼はいまは旦那になったんですけどね」

安堵の表情で話す優希さんの背後で、キャップを被った男が席を立つのが目に入ったが、優希さんには言えなかった。

おふくろの味

これもマンション奇譚——というのか、嫌な話である。

〈ピンポーン〉

共同玄関のインターホンが鳴った。

恭子さんがモニターを覗くと、知らない男が立っていた。誰だ？ と思い訝し気に「なんでしょう？」と応えると、

「すみません、下の階の者なのですが、配達物が間違えて入ってたので、お宅のポストに入れておきますね」

男がニコニコしながらそう言ってきたので、

「お手数おかけしましてして申し訳ありません、わざわざありがとうございます」

そう言って、インターホンを切った。

買い物帰りにポストを覗くと、大きめの茶色い袋が入っていた。部屋に帰り開けてみると、「新時代お好み焼き」というシールが貼られた真空パックが入っていた。

ジッパーを開くと、ゴキブリ、ダンゴムシ、カマドウマ、コガネムシなどの潰された死

骸が大量に入っていた。

「ぎゃーー」

悲鳴を上げ、真空パックを落としてしまった。床一面に死骸が広がってしまい、さらにパニックになってしまったが、そのままにする方が嫌だったので、泣く泣く掃除機で吸い上げ共同ゴミ置場に捨てに行った。

ゴミを捨てに行った帰りのエレベーターに乗り、動き出した扉のガラス越しに、先ほどのモニターに映った男のニヤニヤしている姿があった。虫唾が走るのは当然のこと、怒りも込み上げてきたが、その後その男に会うことはなかった。


「徳光さん、Hってわかります?」

恭子さんは話が終わると、唐突にHという名前を出してきた。

「いや、Hと言われても、ちょっとわからないですね」

「そうですか、料理研究家といってテレビに出てる、Hです」

「あー、わかります、わかります」

私も料理研究家というワードでHの顔が思い浮かんだ。

「あいつですよ、私のポストに虫の死骸を入れてニヤニヤしてたの」

「えっ」

あまりの衝撃に言葉を失った。

「あいつ、変態ですよね。でも、こんなことを言っても誰も信じてくれないだろうし、私が頭おかしいと思われるから、今まであんまり話してなかったんです。徳光さん、信じてくれます?」

虚ろかつ悲しい目でこちらを見てくる恭子さんの言葉に頷くしかなかった。

それにしても信じられないのだが、Hが何かをしでかした時には本気で信じることにしよう。

飲み会

佐久間さんが飲み会で体験した話である。

悪友の木下に急遽誘われて行った先は、繁華街のど真ん中にある鍋が名物の居酒屋だった。男三人女三人のいわゆる合コンで、佐久間さんは女性三人ともう一人の男性とも面識がない。

待ち合わせ時間の十分前に到着すると、まだ誰も来ていない。先に飲むのもあれなので暖かいお茶を飲みながら待っていると、主催者の木下がもう一人の男性とともに時間ぴったりにやってきた。

「おっ、早いね、さすが佐久間。あっ、俺の同僚の三木ね。スゲェいいやつだからよろしく」

「佐久間です、よろしくお願いします」

「三木です、よろしくお願いします」

お互いに笑顔で会釈をすると、木下の携帯が光った。

「チェッ、なんだよ。まあいいか。十分遅れるってさ。先に飲んでようぜ」

木下の言葉に頷き、ビールを三杯注文し先に始めることにした。

主催者である木下曰く、本日の合コンはなかなかの美人が来るそうだ。

その言葉を聞き、一杯目からニヤニヤして待っていると、

「ごめんね〜、木下くん、遅くなっちゃって」

可愛らしい声が背中越しに聞こえてきた。

「大丈夫だよ、俺たちも今来たところ」

先ほどの舌打ちとは打って変わって鼻の下を伸ばしてニヤける木下を見ると、（やはり粒揃いなのだろう）振り返ってみた。

三者三様に魅力的な三人組だった。

「初めまして、美奈です。この子が美祐で、この子が絵梨子です」

女性側の主催者である美奈さんが二人を紹介してくれた。

会が始まり和気あいあいと飲んでいたのだが、佐久間さんは少し違和感を感じた。真ん中に座っている美祐さんの視線だ。お調子者の木下の言葉に笑ってはいるのだが、視線の先は木下をはじめ男三人には向いておらず、後ろの壁だったり個室の扉だったりするのだ。

その視線に木下も気づいたらしく、酔いが回ってきたのもあって、

「美祐ちゃん、さっきからどこ見てるの?」

単刀直入に言葉にした。すると、美祐さんではなく美奈さんと絵梨子さんがバツが悪そうにたがいに見合った。そして、

「美祐、視える子なんだよね。——今日のいるの?」

美奈さんが美祐さんに問うと、

「うん、いるよ。後ろの壁に目がぱっちりしてててショートボブの女の人が。ちょっと怒ってるみたい、木下さんのこと睨んでるよ」

あっけらかんとハイボールを飲み干しながら、そう言ってきた。

「えっ、なんだよ。それ」

木下の顔から急に血の気が引いた。

「うん、生き霊。木下さん、本当は彼女いるでしょ?」

美祐さんがさらにあっさりとした口調で続けると、

「いや、もう、そのなんていうか、別れたというかさー」

木下がしどろもどろで言い訳にもならないようなことを言い出すと、

〈ガラガラガラ、バンッ〉

いきなり引き戸が開いた。全員で一斉に視線を送ると、そこには誰もいなかった。

「あっ、その子が怒って帰ったみたい」

ケラケラと笑いながら美祐さんが続けた。

木下は男二人に（もうお開きにしよう）そう目配せをした。

しかし、佐久間さんはもう少しこの子と飲むと面白いと思ったので、とりあえず木下だけ帰して、五人で二次会に行った。


そこは佐久間さんも何度か行ったことのあるカラオケバーだった。

「あー、ここは一杯いるけど、みんなお客さんだから笑顔で楽しんでるよ」

少し酔ってきたのか、美祐さんは着くなりそう大声で言い出した。

「マスター、すみません」

佐久間さんが平謝りすると、

「いや、視える人には視えるらしいんだよ、ウチの店。でも、水商売はそういうのがいた方が良いって言うから、全然気にしてないよ」

そう言ってマスターも笑いながら酒を作り始めてくれた。

「カンパ〜イ」

美祐さんの明るい音頭で二次会がスタートした。

「美祐ちゃん、いつからそんなの視えるようになったの?」

佐久間さんは好奇心からそう聞いてみた。

「いつからっていうのはわかんないだよね、気づいたら視えるようになってた。あの人誰? とか親とか友達に言っても、私にしか視えてないってことが結構あって、じゃあそういうんだと思ってあんまり言わなくなった。だけど、視線で追っちゃう癖だけがどうしても抜けなくてね。今日みたいに聞かれると喋っちゃう、木下さんだっけ? 大丈夫かな?」

美祐ちゃんが答えてくれていると、木下から着信があった。

「佐久間、大変だよ。ウチで彼女が暴れてる、どうしよう」

電話の向こうで動揺した声が響いた。

美祐ちゃんも聞こえたのか、佐久間さんに、

「ほっといても大丈夫。そのうち寝息立てて寝ちゃうから」

そう耳打ちしてきた。そのまま木下に伝えると、

「嘘だろ、本当に寝だしたよ。お礼言っといて」

ホッとした木下はそのまま電話を切った。


そして宴もたけなわですが、となりお開きとなった。

美祐さんと帰る方向が一緒だったので同じ電車に乗った。

美祐さんは酒も手伝ってか、かなり積極的にアプローチを仕掛けてきて、佐久間さんの家に行きたいと言い出した。佐久間さんは悪い気はしなかったのだが、翌日を考えて改めて二人で会おうと言って、先に電車を降りた。少し不服そうな顔をした美祐さんが電車の窓越しにこちらを見ている。笑顔を返し見送ると、家までの帰路に就いた。

ちょうど、玄関の鍵を開けている時に美祐さんから、

「今日はありがとう、次回のデート楽しみにしてるね。あと、ちょっとびっくりさせるね」

というメールが届いた。

(びっくり?)

玄関のドアを開けると

「ガサガサガサガサ」

何かが動く音が聞こえた。背筋が凍り動揺した佐久間さんは、下駄箱に置いてあるバットを持って電気をつけた。

だが、そこにはなにもいなかった。

すると再び携帯がブルブル震えた。

「それ、私の生き霊」

美祐さんからのメールだった。

急いで電話をしたのだが、呼び出し音がなるだけで美祐さんが出ることはなかった。

翌日、電話をしてみると「この番号は現在使われておりません。番号をお確かめになって……」というアナウンスが響くだけだった。

木下に、美祐さんとのことをメールすると、美奈さんに確認してみるとの返事がきた。

仕事が終わり、携帯を確認すると木下のアドレスから、

「私も美祐と連絡が取れなくなりました。電話も通じなくなっています」

美奈さんのメールが転送されていた。

何が起こったのだろう？　その後もまったく美祐さんの行方は誰もわからない。

何もなければいいのだけど、と佐久間さんは俯いた。

隣室

「あれはいろいろと台無しにしてくれましたね、怖さと怒りですよ」

隙あらば女性との関係を持ちたいと思っていた川口さんの、二十代の頃の経験談である。


その日も飲み会で出会った女性と一次会二次会三次会と進むにつれ、関係を良好にしていった川口さん。やがて「酔っ払った」「疲れた」という理由をつけて「ホテルで休まないか」という提案をしてみた。女性は「そんな言い訳いらないから一緒にいよう」と、まんざらでもないどころか大変乗り気で、川口さんの誘いに賛同してきた。

しかし金曜日の午前一時、いわゆるホテル街と呼ばれるW町とあって、どこも「満室」のランプが灯っている。

(この子が白けてしまう前になんとか)

少々焦りを感じてから二十分くらい歩き、やっと空室のランプが灯ったホテルを発見した。大変綺麗な新築然としたホテルだった。

(おー、これはラッキー。今後も使おう!)

フロントで部屋選びの段になったのだが、このホテル、空室だらけだった。

それならばと予算に見合う中で、一番広くて豪勢な部屋を選択した。

「ここならゆっくりできそうだね」

うっとりした目つきで見上げる彼女の肩を抱くとエレベーターに乗り、選択した405号室を目指した。

鍵を挿し扉を開けると、写真と同じ大変広くて綺麗な部屋だった。

靴を脱ぎ居ても立ってもいられず、いきなりベッドに押し倒そうとすると、

「だめ、物事には順序があるでしょ。先にシャワー入ってくる」

彼女はそうあしらって、バスルームに向かった。川口さんは「一緒に入ろう」と提案したのだが、それも却下され洗面所の鍵を閉められてしまった。

「なんだよ、もう」

残念ではあったがここでメゲる川口さんではない。

彼女の入浴を待っている間、有線チャンネルでも見ようとリモコンを手に取り電源を入れたのだが、接触が悪いのかなかなかつかない。首を捻り何度も試みていると、

「アーーーー、ウーーーー。……だ。……さないで～」

どこからともなく、か細い女の声が聞こえてきた。

んっ？　と聞き耳をたてると、

「いやだ～、やめて、ころさないで～」

先ほどよりもはっきりと聞こえてきた。

（えっ、この階、他の部屋、全部空室だったよな？　しかも殺さないでって）

動揺し、背筋に冷たい汗が吹き出した時、

「出たよ～、川口くんも入ってね。エチケットだからさ」

バスローブを着た彼女がベッドにやってきた。

「うん、入る。入るけど、あのさー、ちょっと待って」

「なに？」

声のことを伝えると、

「嘘でしょ？　殺人ホテル？　怖いね～」

そう言って笑い出した彼女の背後、いや隣室との壁側から、

「やめて～、ころさないで～。おねがい、ころさないで～」

女の声がさらに大きめに聞こえてきた。

「嘘、やだ、本当に聞こえる。ちょっと、川口くん、コップ、コップ」

恐怖を感じている川口さんと違って彼女は興味津々である。この嫌な好奇心に少し引いたが、言われるがままにコップを渡し、自身もコップを持つと、壁にあてて聴覚の集中力

を高めた。

「いや〜、ころさないで〜。ころして〜ころして〜ころしてーーーーーー」

〈ボスッ、ドンッ、ドタ〉

女の声に続き、何かが力尽きて倒れるような大きな音が響いた。

彼女と目を見合わせると、

「これはフロントに電話……」

川口さんが口を開くと、

「ワハハハハハハハー、ギャハハハハハハー」

隣室から品のかけらもない大きな笑い声が聞こえた。

「アハハハハハ〜」

彼女もつられるように笑い出した。

「どうしたの？」

顔を覗き込むと、

「どうしたのって、そういうプレイしてるってことでしょ？　わかんないの、川口くん？」

プレイボーイ気取りなのにまったく気づかなかったことを恥じつつ、イイ格好したかったので、

「そりゃそうだよね、うん」

顔を引きつらせながらも笑ってバスルームに向かうと、

〈ドスンッ〉

さらに大きな落下音が聞こえた。

「いや、これはまずいでしょ？　フロントに電話するよ」

半裸のまま、備え付けの電話でフロントに事情を話すと、

「あっ、そうですか？」

そう言われてあっさり電話を切られた。

「やっぱり、プレイなんだよ。なにビビってんの、ダサっ。なんか醒めたわ、もう帰ろ！」

酔いにも、川口さんの動揺した態度にも醒めてしまった彼女は、バスローブを脱ぐと帰り支度を始めた。

「いや、ビビってないから、いいじゃん」

「それもすごくダサいから。帰るよ～、撤収」

川口さんを全否定した彼女はドアを開くと、エレベーターに向かった。

「ギャーーー」

帰り支度を始めた川口さんの耳に悲鳴が轟いた。

恐る恐るドアを開け廊下を覗くと、卒倒した彼女を見下ろすように真っ黒な隈を作ったギョロ目の女が佇んでいた。

「ヘッ」

声にならない声を漏らした川口さんを一瞥すると、女はゆっくり隣室へ戻っていった。

川口さんは急いで荷物をまとめて飛び出すと、エレベーターのボタンを連打した。

と、同時に卒倒している彼女の頬を何発か叩いた。

「えっ？」

彼女が意識を取り戻したので事情を説明すると、すぐにエレベーターに飛び乗った。

その間も焦点が定まらずポーっとした表情を浮かべる彼女は状況を理解できておらず、たった今の記憶を失っているようだ。

「絶対になんかありますよね、このホテル」

語気を荒らげフロントに伝えると「ウチ、新装したてなんだから」と言って譲らない。

投げるように金を払うとホテルから飛び出した。

帰り際、もう一度彼女に顛末を話すと、

「本当にそんなことあったの？　直前でビビったんじゃない？　ダサっ」

記憶は飛んでいても、性の根はそのままの彼女の言葉に腹が立ったので、ホテル街に置き去りにして帰った。

ちなみにそのホテルはW町に未だに現存するという。

ヒントが少な過ぎるとは思うが興味がある方は探してみてください。

カノジョ

『家に帰ると妻が必ず死んだふりをしています。』という映画が何年か前に話題になったことを覚えている方もいるだろう。実にウィットに富んだ愛情溢れる作品だった。しかし新部くんの付き合っていた彼女の死んだふりは、常人ではなかなか受け入れることのできないものだったそうだ。

新部くんと彼女が付き合いだして半年が過ぎた頃、少し疎ましく思い始め会う回数を減らそうと提案してみた。

彼女は「新部くんがそうしたいなら、いいよ。私は我慢できる」と笑って快諾してくれたのだが、その「我慢できる」という言葉を加えるのが疎ましく思う原因の一つだと気づいてくれないのだよな、と少し落胆した。ともかく快諾してくれたことに感謝をして、週に三回会っていたのを一回に変えてみた。

しばらくは週一に会うのが互いに心地良いペースとなったのだが、ある夜のこと、

〈ドタンッ！〉

新部くんがソファーで寛いでいると、浴室からとんでもない衝撃音が聞こえてきた。

「大丈夫？」

浴室のドアを開けたら、彼女が卒倒して痙攣まで起こしている。

「おい、大丈夫かよ。救急車呼ぶよ、しっかりしろ」

彼女を抱きかかえながら叫ぶと、

「なんか大丈夫になってきた。新部くんの温もりのおかげかな？」

そう、にっこりと腕の中で微笑んだのでホッとしたことと、そのいじらしさに感動して、

「ごめんな、週一に減らすなんて言って。ずっと一緒にいよう」

きつく抱きしめると、二人の同棲生活が始まった。


しかし、それが間違いだった。

大学のゼミの飲み会に参加している時だろうがバイトをしている時だろうが、彼女はお構いなしに電話攻勢メール攻勢を仕掛けてくるわ、帰宅時間が早かろうが遅かろうが「遅い、私が待ってるのによくそんな時間まで離れていられるね」とむくれてモノを投げつけてきたりする。

「もう、無理だ。別れよう！」

新部くんが別れを切り出すと、

「ごめん、新部くんが好きで好きで仕方ないから、言っちゃうの。ごめんね、もう言わないから、許して」

決まって反省の弁を口にして、愛を乞うのだ。

しかし三日もすれば忘れて、激情して同じことを繰り返す。

「もう、無理だ。こんな生活してたら、おかしくなっちゃうよ。お互いのために別れよう」

辛さの限界を超えたので、これが最後と本気でそう言い放った。

彼女は「そんなの無理だ」と泣き喚いて修復を懇願したのだが、新部くんの強い決心に納得し、

「わかった。新部くんのこと好きだから、別れてあげるね。でも、今夜は最後の夜になるからずっと抱きしめてね」

「わかってくれて、ありがとう」

二人はお互いに抱きしめ合いながらベッドに入った。

新部くんはホッとして深い眠りについた。夜中、スースーと風が顔に当たり寒気が一気に襲ってきたので、目を覚ました。腕枕をしていたはずの彼女がいない。

窓に目をやるとレースのカーテンが風に揺れている。ベランダのガラス戸が開いている。

「えっ！」

飛び起きベランダに出ると、手すりに向かって彼女が愛用していたスリッパが綺麗に揃えて並べられている。

(まさか！)

心臓は経験したことのない心拍数を刻んでいる。冷や汗とも脂汗ともつかない汗がダラダラと滴り落ちてくる。

七階にある新部くんの部屋からもし飛び降りていたら即死だ。

(どうしよう)

その場で右往左往したのだが、恐ろしすぎてベランダから下を覗くことが出来ない。

そうこうしているうちに動揺と緊張で腹が痛くなってきた。

腹を押さえ部屋へと入ると、トイレへと走りドアを開けた。

「エヘへ、エヘへへ、ブー、ワハハハハハ」

彼女が便座に腰かけている。

今までに見たことのない満面の笑みを浮かべた彼女が、新部くんを見上げていた。

一旦は安堵したがすぐに怒りがこみ上げてきた。

「おまえ、なにやってんだよ！」

辺りに響き渡る怒号を上げると、

「びっくりしたでしょ？　ねえ、びっくりしたでしょ？」

あっちこっちに黒目を動かし焦点がまるで定まらない状態で興奮しながら笑っていた。

その様子に怒りが頂点に達し、

「もう出てけ、今すぐ出てけ！　顔も見たくないよ！」

続けて罵声を浴びせると、

「言われなくても出て行くわよ。私の時間を返しなさいよ、このクソ男」

彼女はトイレのドアを蹴りつけ出ると、寝室に向かってゴソゴソと荷物をまとめ始めた。

その間に新部さんはトイレで用を済まし、寝室を覗くと彼女の姿は既になかった。

（えっ？　玄関、開く音したっけ？）

とは思ったが、とにかくあの彼女が出ていってくれたことに胸を撫でおろした。


「そうでしたか、大変でしたね。でも、これは怪談の類ではなく、壮大な痴話喧嘩というかメンヘラと付き合ってしまった新部くんの別れ話じゃありませんか？」

新部くんがここで一息ついたので、つい割り込んで感想を述べると、

「いや、徳光さん、続きというか、その後、彼女本当に死んだらしいんですよ。なんでも、俺と別れた後、薬物にハマって、それだけじゃ飽き足らずというか、ぼくもよく理解でき

ないんですけど、電気ショックで快感を得る方法を誰かに教えて貰ったらしくて、それのやり方を間違えて感電死したみたいなんです」

そう言うとニヤっと口角を上げた。

新部くんにとっては完全に彼女が姿を消したことが嬉しかったのだろう。

そして新部くんの携帯の待ち受け画像は、にっこり微笑む奥さんと乳歯を見せて笑う三歳の長女の写真だった。

普通の幸せな家庭を持つ男の過去にこんなことがあったとは、家族は知らないまま過ごすのだろう。

4のゾロ目

日本では「死」を連想させる「4」は縁起の悪い数字とされている。諸説あるが、キリスト教圏ではイエス・キリストが磔刑にされたとされる「十三日の金曜日」にちなんで「13」が縁起の悪い数字とされている。

私はプロ野球が好きなのだが、背番号を注視すると、日本人がつけたがらない「4」(死)「42」(死人)「49」(死ぬまで苦しむ)といった背番号を助っ人外国人選手が、「13」を日本人選手がなんの躊躇もなく背負っている。実にわかりやすい例だと思う。さらに加えれば、昔のホテルはその両方に配慮し「4階」と「13階」をエレベーターパネルに載せなかったりしていた。

私自身はあまりそういったことを気にしないし、気にしない方も多いと思う。今回取材をさせていただいた成田さんもそんな一人だったそうだが、ある時から意識するようになってしまったそうだ。

「最近気がつくと4のゾロ目を見るんだよね」

学生時代からの友人である佐竹さんが、ポツリと漏らしたのは三年前のことだった。成田さんと違って縁起を気にする佐竹さんは、不安そうに怯えていた。

「いや、別に偶然だろ。そんなの気にすることないよ」

そうなだめても、

「だって、早朝だろうが夕方だろうが偶然、4時44分に時計を見てしまうっておかしいだろ？　この間パチンコで当たりが出た時も『444』だったし。なんか変なことがなければいいんだけど……」

「いやいや、大丈夫だって。パチンコで当たりが出たことはラッキーなんだから、そっちを喜べよ」

成田さんが笑い飛ばしても、

「おまえ、もし突然起きて、時計が4時44分を刻んでいるなんてことがあったら、嫌な気分にならないのか？」

さらに繰り返してくるので、

「気にしすぎだよ、そんなこと忘れてパッと飲もうぜ」

佐竹さんの腕を強引に引っ張ると、二人でキャバクラに行った。

成田さんは何度か訪れている店だったので、佐竹さんが気に入りそうな子をボーイにつけるように言って席に着いた。

佐竹さんもタイプの子が横に着いて、初めは上機嫌だったのだが、

「えー、本当にごめん、誰かと変わって」

急に青い顔をして女の子のチェンジを希望したので、

「どうしたんだよ？」

成田さんが聞くと、

「この子の誕生日、4月4日なんだって。俺は4に追われている」

そう言って佐竹さんは頭を抱え出した。

「いやいや、まだそんなこと言ってんのかよ、ごめんね」

佐竹さんの態度が急変したことに女の子も動揺していたので、成田さんは侘びを入れ、席を代わってもらった。

そして次の女の子が来ると、彼女が席に着く前に、

「誕生日はいつ？」

不躾に佐竹さんは声をかけた。

「どうしたの？　初めましてなのに誕生日プレゼントくれるの？　やったー。4月14日だよ」

ハシャギながら女の子が言うと、

「もう嫌だ、成田もう帰ろう。これは偶然なんかじゃない」

青い顔をして、逃げるように席を立った。

成田さんとしてはもう少しいたかったのだが、佐竹さんに合わせる形で会計を済ませると店を後にした。

「わかった、わかったから、あんまり気にするな。偶然だよ、偶然だから」

怯えが止まらない佐竹さんの肩を摩ると、タクシーを拾った。

「成田、ここまで言ってるのに嫌がらせもするのか？」

佐竹さんが怒号をあげた。

「どうしたんだよ？」

なんのことかさっぱりわからなくて成田さんが首をかしげると、

「ナンバー！　見てみろよ！」

促されタクシーのナンバーを覗くと「44-22」だった。

「悪い、悪かった。なにも考えずに停めちゃって。わかった、俺が乗ってくから、お前は4が付いてないタクシーを拾って帰ってくれ」

いい加減呆れてしまった成田さんはそう言い残し、乗車すると帰路に就いた。

翌朝、目を覚まし携帯を見ると、佐竹さんから昨晩の言動を詫びるメールが入っていた。

「気にするな。俺も気にしてないから」

とだけ返信して、身支度をすると会社に向かった。


それから数週間は佐竹さんから連絡はなかったのだが、

「やっぱり、嫌なことが起こった、会って話したい」

というメールが来たので、会うこととなった。

佐竹さんは席に着くなり、

「やっぱり、あるんだよ。全然元気だった親父が二日前にくも膜下出血で倒れて意識が戻らないまま、死んじまった」

そう言って涙を流しながら肩を落とした。

身内の不幸が起こってしまったことは気の毒だとは思ったが、偶然ではないかとも思ったので、

「悲しいことだというのは理解するし、本当に残念だけど、あんまり関連付けない方がいいぞ。お前がしっかりしないと、ご家族も動揺するだろう」

成田さんはそう言って慰めると、その日は別れた。

しかしその後、佐竹さんの妻が他の男の子供を妊娠して失踪したり、部下の横領が発覚し責任を被るはめになったり、息子が交通事故にあい重傷を負ったりと、父親の四十九日が過ぎる前に次々と不幸が佐竹さんを襲った。

あまりにも気の毒だったので、食事に誘ったり飲みに誘ったりしたのだが、佐竹さんが誘いを受け入れることはなかった。

成田さんも。しばらくはそっとした方が良いのだろうと思い、連絡をしていなかったのだが、ある日、

『もうだめだ。無理だよ』

短文のメールが入った。びっくりした成田さんはすぐに電話をかけたのだが、呼び出し音が鳴るばかりで佐竹さんは出ない。佐竹さんの実家や行きそうな場所にも連絡したがどこにもいない。

そして四日後、佐竹さんの遺体が見つかったとの報告が入った。

彼には縁もゆかりもないS県の公園、そこの木に縄を括り付けての首吊り自殺だった。

「絶対にある。俺は呪われた」

遺体の横に置かれた遺書には、たったそれだけの言葉が記されていたそうだ。

「正直、関連があるかはわかりませんが、わずかな期間でそんなに不幸が襲ってしまって、最後に自死を選んでしまったというのは、お気の毒でなりませんね」

私がそう言うと、

「佐竹の葬式に、失踪した元嫁が来てたんです。それで、一応会釈したのですが『私も怖かったんです。あの人が〝4〟という数字を忌み嫌って、ヒステリーを起こして家で暴れるのが。それで逃げ出したんです』って言って足早に斎場を出て行ったんですよね。本来なら彼女を詰めたかったのですが、そんなことはできないなと思わせるくらい憔悴していたので」

そしてこう言う。

「あと、自分もあの日から〝4〟を見るのも嫌になりました」

偶然だったのか？　必然だったのか？

成田さんにも私にもわからない。ただ、佐竹さんを「4」が追い込み不幸にしたことだけは事実である。

駅前の角地

「街の本屋って本当になくなりましたよね、いわゆる個人経営の」

小森さんの言うとおりで、私の地元にも「街の本屋」が数店あったが、今ではそのすべてがなくなり、コンビニだったり飲食店だったりに姿を変えている。

「馴染みの本屋が駅前にありまして。地元にすれば一等地ですよ、駅の目の前の角地にあったわけですから。まあ、ボロい本屋だったのですが、なんていうか私の大人の扉を開けてくれたような存在だったんです。大人の扉といってもエロ方面ではなくて、『コロコロコミック』とか『ジャンプ』しか読んでなかった私に『ねじ式』や『ガロ』なんかの存在を教えてくれた店だったんです。ただ、しばらくして、まあ、そこが曰くつきみたいになっちゃったんですよ」

懐かしそうに語る反面、寂しさや悔しさもあるようだ。


小森さんの地元にあった本屋、仮にW書店する。

W書店は初老の夫婦とその息子で営む小さな本屋だった。小森さんや友達が長時間立ち読み（中には地べたに座り読みする者も）していても、叱られることなく、時にはおばちゃんが「あんたたち読み疲れただろ」なんて言いながらジュースを持ってきてくれたこともあったそうだ。

こんなこともあった。中学生になり女体に興味をもった小森さんはエロ本が欲しい、だが立ち読みも恥ずかしいし買うのなんてもっと恥ずかしい。そこで思いついたのが万引きだった。おじちゃんやおばちゃんの死角をついて、カバンにこっそり入れて店をソロリソロリと出ようとした時だった。

「おいっ」

小森さんの腕を掴んだおじちゃんは続けた。

「物を盗むのはいけないことだし犯罪だ。でも女の裸に興味をもつのは当たり前だし健全な証拠だぞ。他では売ってくれないかもしれないけど、俺は売ってやるから、万引きなんか絶対にするな。約束が守れれば、今日のことは見逃してやる」

と最後ににっこり笑って許してくれたおじちゃんを見上げたら、涙が止まらなくなった。

「ほれ、お前はまだ子供だから、これがいいだろう。はい、四百円」

おじちゃんはさらに入荷したての『GORO』を渡してくれた。

と、ここまでは、おじちゃんやおばちゃんとのいい思い出話なのだが、もう一人の息子というのが問題だった。

店では、おじちゃんかおばちゃんが中央にあるレジ横の椅子に腰掛けているのだが、稀にその場所に息子が無愛想にふんぞり返っていることがあった。菓子をバリバリ食べ、鼻をほじりながら商品である雑誌で手の汚れを拭き、ブツブツ独り言を言ったかと思うと大声で笑い出したりして、不気味な存在だった。

なんであんなに優しいおじちゃんとおばちゃんの子供がこんななのかとも思ったが、幼い頃に相当酷いイジメにあったらしくそれ以来登校拒否になって外にも出なくなり店番をやらされていたそうだ。

そして弱者には強く出るというか、小森さんたち小学生や中学生を「金も落とさねえクズ共」などと言って罵倒することもあった。

そして次第に息子が店番をする頻度が多くなってくると、皆も足が遠のき、小森さんもまったく行かなくなった。

横目で見ながら本屋を通り過ぎることが日常になったある時、

「おー、クズじゃねえか」

背後からこもった声が聞こえてきた。振り返ると、本屋の息子だった。

ただでさえ肥えていた体はさらに肥大化し、薄汚れたねずみ色のスウェットの上下には所々黄ばんだシミが広がっていて、すえた体臭とドブのような口臭が鼻腔を突き刺した。

「あっ、はい」

小森さんが訝しげに返事をすると、

「おまえらが金を落とさなかったから、本屋はもう潰れんだよ。親父もお袋も耄碌してきたし、俺がレンタルビデオ屋にすっから、おまえら借りに来いよ」

そう言って路上に痰を吐くと、本屋の中に消えていった。

息子の言うとおり、数日後には改装工事が始まり、かつて慣れ親しんだ本屋はレンタルビデオ屋へと姿を変えた。

しかしそのレンタルビデオ屋、新装だというのに外観からしてどこか暗い。人をまったく寄せ付けないような淀んだ空気を発していて、実際、誰も寄り付かなかった。

小森さんも息子がしてきた一方的な約束など反故にして、まったく行かなかった。

そして半年も経たないうちに潰れた。店じまいをする当日をたまたま目撃した友達の話では、ヨレヨレになってしまったおじちゃんとおばちゃんに対して、息子が大声で罵声を浴びせていたらしい。

本屋の一家はそこを手放したのか、一週間もしないうちに解体工事が始まった。

次に出来たのはゲームセンターだった。成人した小森さんには無縁の場所だったのでそこにも行かなかったのだが、それも半年と経たずに潰れた。

その次に出来たのはカラオケ店だった。

そこには数回訪れることがあったのだが、友達四人と訪れたある夜のこと。

会計を友達に任せトイレに行くと、大便用の個室トイレからガサゴソと音が聞こえてきた。先に入った誰かがベルトでも外しているのかと気にせず用を足していたのだが、ふいに鼻腔を劈《つんざ》く臭いに背筋が震え反応した。

（あいつの臭いだ）

本屋を畳む時に会った息子の、すえた体臭とドブのような口臭がしたのだ。

（あいつまだいるのか？）

そろりとチャックを上げると忍び足で洗面台に向かい手を洗った時、鏡を見てしまった。

個室トイレのわずかに開いたドアの隙間から、濁った色の目玉がこちらを睨んでいる。

やはり息子がいたのだ。

「おじちゃんとおばちゃん、元気ですか？」

変に刺激しないほうがと思い、声をかけてみた。息子は目尻を下げ、真っ黄色の歯をニッと出して笑うと、

〈バーンッ！〉

いきなりドアを蹴り開けた。小森さんはその勢いに慄《おのの》き、両手で思わず頭を抱えてへたりこんだ。ふと気づくと、ドアのギーコギーコという開閉音が響き渡っているだけで、そこには誰もいなかった。

トイレを飛び出し、仲間に「トイレから誰か出てこなかったか？」と尋ねても首を傾げるばかりで要領を得ない。店員に聞いても「この時間はあなたたち四人しか客はいない」と言われる始末だった。

そしてそれから数日後、カラオケ店も店を閉めた。

次に出来た不動産屋は二年ほど営業していたのだがそれもなくなり、ここ十年はずっとコインパーキングとして使われている。

現在は土地を離れた小森さんに、地元の仲間から入ってくる話だと、そのコインパーキングで原因不明のパンクやエンストが起こり、たびたびレッカー車が車を引き上げているそうだ。

「おじちゃんやおばちゃんが無念に感じて、なにかをするならまだわかるんです。でも、息子がなにかを起こしているとしたら、それは腑に落ちないですよね」

確かに小森さんの言うとおりだと思った。

そしてこの本屋さん一家はまだ生きているのか？　絶命したのか？

小森さんに確認したのだが「わからない」と言う。

どちらであったにせよ、あのすえた臭いと真っ黄色の歯が脳裏にこびりついて離れないそうだ。

離婚部屋

江津子さんは両親とお姉さんとの四人家族だった。

お姉さんと江津子さんが順番に嫁いだ後、両親から「慣れ親しんだ家だが売って、勝手が良いマンションに引っ越そうと思う」と提案された。

実家がなくなってしまうのは江津子さんもお姉さんも残念だったが、両親も歳を重ねているので急階段がある実家よりマンションの方が危険も伴わないと思い賛成した。

ことはトントン拍子で進み、良い物件も見つかった。姉妹も一緒に内見に立ち会うことにした。

実家よりは狭いが夫婦二人で暮らすには丁度いいサイズの2LDKのマンションで、新築のわりに値段もそこまではらない。実家の土地を売って購入してもお釣りがくるくらいのお買い得物件だった。

「いいんじゃない?」

姉妹で口を揃えると両親も安心した表情を浮かべ、購入することとなった。

荷物を整理しマンションに引っ越すと、実家の取り壊し作業が始まった。家族はそれぞれの想いを胸中にしたためながら取り壊し作業を見守ると、マンションに移って両親の新生活のスタートを祝うささやかなパーティーをおこなった。その後、江津子さんとお姉さんは帰宅した。

一ヶ月後、母から電話があった。

「江津子聞いて、許せないことがあったの」

電話口の向こうから母の怒りに満ちた声が響いたのだが、仕事中ということもあって、かけ直すと伝え電話を切った。

仕事が終わりかけ直そうと思ったのだが、姉に連絡し確認したら、やはり同じような電話がかかってきたと言う。姉と申し合わせて、新たな実家となったマンションに出向くと、母親がボーッと空虚を見つめながら食卓に座っていた。

「お母さん、大丈夫？　お父さんは？」

お姉さんが声をかけると、

「知らないわよ、あんなの。あんたたちあいつの味方なの？」

堰を切ったように声を荒らげ食ってかかってきた。

「味方も敵もないわよ、なんなの？」

江津子さんが状況を掴めずにいると、

「母さんがずっとあんな感じなんだよ」

寝室から父親が困った顔をしながら出てきた。

「なにがあんな感じよ！　あんたのせいじゃない！」

と言って飛びかかろうとする母親を落ち着かせ、二人から話を聞くことにした。

母親は、父親は引っ越してきてから他に女を作って浮気をしている、こんな人とは一緒にいられないので別れたいと言う。しかし父親は、まったく身に覚えがないし、ここに移り住んでからずっと一緒にいるのに浮気なんてできるわけもないと言って困惑している。

そして母親に、そう思う根拠を尋ねると「あの人が言ってるんだから、間違いない」と言うばかりで意味がわからない。

根拠のないことを言われた父親に同情したが、母親の精神状態が心配だったので、姉妹で泊まろうとなった。しかし、江津子さんは翌日にどうしても出席しなければいけない早朝会議があったので、姉に任せて帰ることにした。両親の寝室には母と姉が寝ると言うので、もう一部屋に父親の布団を敷いてあげた。

翌日の昼、お姉さんからメールが届いた。

「江津子、今日、二人で会えない？」

連夜のことで夫には申し訳ないと思って一旦確認したら、家族のことだからと快く快諾してくれたので、二人で晩御飯を食べることになった。

「どうもこうもないわよ。あいつ、絶対に浮気してる、許せない。母さん、離婚させてあげるべきよ」

席に着くなり、姉が凄い剣幕になっている。

「姉さんまで、なんでそんなこと言うの？　何かわかったの？」

江津子さんの問いに、

「何があったとかそういうことじゃないでしょ？　間違いないんだから。うちの旦那も怪しく思えてきた。ちょっと先に帰るわ」

そう言って食事もせずに店を後にした。

江津子さんの心配や進言をまったく無視する形で、母と姉は本当に離婚してしまった。

数日の間で家族間にいろんなことがあり過ぎて困惑を極めていると、母親から落ち着いたので食事をしようと連絡があった。

食事を断る理由はないので、今は母がひとりで住むマンションに向かうと、満面の笑みを浮かべた母親と姉が出迎えてくれた。

すっきりした、暮らしが穏やかになったと、笑顔で食事や酒を勧めてくる母と姉に（二人がそれでいいならいいのか）とも思い、父がいなくなってから初めての女三人の団欒を楽しんだ。そろそろ帰ろうとした時、

「江津子、泊まっていきなさい。お姉ちゃんもそうするでしょ？」

泊まることを勧めてくる母親の傍で、姉も目尻を下げて頷いていた。

「うん、じゃあ、そうしようかな」

少し酔っていたし、ご主人にメールを送ると「いいよ」と快諾してくれたので江津子さんは泊まることにした。

風呂に入り寝支度をしていると、

「江津子はあっちに寝なさい」

両親が使っていた寝室を指差された。

「えっ、でも、お母さんが寝てるんでしょ?、私はお姉ちゃんとこっちの部屋で寝るから大丈夫だよ」

そう返すと、

「平気なのよ、私たちは。ねっお姉ちゃん?」

母親がお姉さんに同意を求めると、お姉さんがコックリ頷いた。

「じゃあ、わかった。ありがとう」

母親の言葉に従い、ベッドに潜り込むと電気を消して目を閉じた。

が、なかなか眠りにつくことができない。左右に寝返りを打っても睡魔がやってこない。

仕方なくうつ伏せになって枕に抱きついていると、

〈トンットンッ〉

背中を叩かれる感触がした。

「お母さん？」

寝返りを打って仰向けになると体が動かなくなった。かろうじて眼球だけが動いたので寝室の入口の方を見た。

すると半開きになったドアの向こうで母親とお姉さんが薄ら笑いを浮かべて立っている。

「助けて！」

声にならない声を必死に振り絞ると、二人は半笑いの表情を崩さずに視線を上に向けた。

江津子さんもつられるように視線を上げると、天井に男が貼り付いていた。

「ヒッ！」

息を飲んだ。男は白い歯を浮かべてニッと笑うと、天井から落下して江津子さんに覆いかぶさってきた。

そこで記憶が遠のいて、翌朝、目を覚ますと同時にキッチンに駆け込んだ。

昨晩もことを説明しても、母親とお姉さんは笑い飛ばし「江津子さんの錯覚」か「夢でも見たのか」と言って取り合わない。江津子さん自身も曖昧な部分もあるので、「そうかもしれない」と自分を納得させ朝食を食べることにした。

「お姉ちゃんはここに引っ越してくることになったんだけど。江津子はどうするの？　早く別れちゃいなさい、あなたも」

食事中、朗らかに笑いながら母親がとんでもないことを言ってきた。

「何言ってるの、お母さん？　なんで私も離婚しなきゃいけないのよ」

怒りすら感じてそう返すと、

「あれ？　あんたには言ってくださらなかったの？　あの人？」

「なんのこと？　あの人って誰よ」

「天井にいらっしゃったでしょ？」

お姉さんもニヤニヤと江津子さんを見ている。

何かがおかしくなっている。狂っている？

「お母さんもお姉ちゃんもどうかしちゃってる、おかしいよ」

そう吐き捨てると、食事も途中のまま荷物をまとめ、家を飛び出した。母親とお姉さんは引き留めるどころか、笑いながらその様子を眺めていたという。

その後、江津子さんはマンションには行かず、母親とお姉さんに引っ越しを勧めたのだが、二人は聞く耳を持たないどころか「裏切り者、絶縁する」との手紙を寄越してきた。親戚などにも相談したのだが埒があかず、完全に孤立して二人で生活をしているという。そして離婚以来、音信不通になっていた父親と連絡が取れ、今では遠方に暮らす父親の下に初孫を連れてたびたび訪れている。

「なんで私だけ難を逃れられたんですかね？」

江津子さんが投げかけた質問に、

「その男が本当にいたのか見えたのかはわかりませんけど、お母さんとお姉さんは潜在的に離婚願望があって、進言されたという錯覚が後押しになって、実際に離婚してしまったのではないですかね。で、江津子さんの結婚生活には一点の曇りもなくて、そんな声が入り込む余地もなかったんですよ」

もっともらしく返すと、

「そういうことなのかな？　私が気づかなかっただけで、二人は幸せな結婚生活を送ってなかったのかな……」

江津子さんは頷いてくれた。

独り暮らし

グラビアアイドルをしていた悠ちゃんが、いわゆるパパに捨てられて、独りアパートで暮らしていた時の話。

以前パパに借りてもらっていたマンションとは雲泥の差のアパートだったが、若い女の子が暮らすにはちょうど良いサイズの１ＤＫの部屋だった。そして、すぐ隣に住んでいる大家さんもとても感じのいい夫婦だった。

やっと新しい生活に慣れてきたある日、悠ちゃんが友達と遊んで深夜に帰宅すると、部屋の中に妙な違和感を感じた。

パパには嫌なフラれ方をしたので、男に懲りていた悠ちゃんは、別れて以来彼氏も作らず、ましてやアパートの自室に友達ですら男は上げたことがなかった。それなのに、部屋の中が妙に男の体臭くさい。いくらアパートとはいえ隣の部屋からにおってくるはずもなく、まして隣に住んでいるのも女性だし——男を連れ込む気配もないタイプの人だ。

そしてまたある夜、帰宅し入浴を済ませて髪を乾かしていると、また違和感を覚えた。

いつも使っている白いヘアブラシが綺麗になっているのだ。

というのも、悠ちゃんはヘアブラシに絡みついた髪の毛を毎回捨てないで溜まってブラシが通らなくなったらやっと捨てるような性格だし、朝に髪を梳いた時に「まだ大丈夫」と思ったばかりだったのですぐに気づいたのだ。

(なにかがおかしい)

そう思っていたある日、決定的なことが起こった。

昼、友達と遊ぶために出かけようと玄関で靴を履いていると、ドアの鍵が〈ガチャッ〉と音を立て開き、ドアノブがゆっくり回った。

「きゃー」

悠ちゃんが声を上げると、ドアノブが元に戻り、ドタドタと去っていく足音が聞こえた。

友達との約束をキャンセルし、大家さん夫婦に伝えるとすぐに警察を呼んでくれて警察も近隣のパトロール強化を約束してくれた。

「鍵を替えたほうがいいよ。こちらで負担するから」

大家さんもそう言ってくれたので、鍵を替えてそのまま住むことにした。

しかし数日すると、また男の体臭や冷たいはずのベッドに生温かい温もりがあったりということが起きた。

怖さもだが怒りも感じた悠ちゃんはビデオ製作会社の友達に頼んで、ベッドの下と押入れの隙間に隠しカメラを設置してもらった。

二泊ほどグラビアアイドル仲間の家に泊めてもらい、帰宅をした悠ちゃんは、ビデオ製作会社の友達に来てもらい、カメラが撮影した映像を一緒に確認することにした。再生ボタンを押すと、そこには異様な光景が映し出されていた。

会ったこともも見たこともないザンバラ頭のメガネデブが、ドカドカと部屋に入ってきて素っ裸になった。そして、押入れの中のタンスを漁って下着を取り出すと身につけベッドに飛び乗ると、悦に入った表情を浮かべてゴロンゴロンと寝返りを打っていた。

悠ちゃんの下着をあれこれ着替えると、やがて自分の服を身に着けた。床に顔を寄せて何かをもそもそと始めた。よく見てみると、床に落ちていた体毛を神経質そうに拾い集め、机に置かれていたヘアブラシに絡みついた髪の毛と合わせて丸めると口に含んで、ペットボトルの炭酸水で流し込んだのだ。

「オエーー」

悠ちゃんもビデオ製作会社の友達も吐き気を催し、トイレに駆け込んだ。

「どうしよう？　警察だよね」

一一〇番すると、すぐに警察官が駆けつけてくれたのでテープを渡した。もちろん自分の部屋にいることはできないので、その晩もグラビアアイドル仲間の家に泊めてもらい翌日帰宅すると、警察官が待っていた。

「報告があります、犯人は捕まえました。あの男、見覚えないですよね？」

「はい、全然知らないです」

悠ちゃんの言葉に首を傾げながら警察官は続けた。

「男は『あなたに部屋を貸してあげているのに何も払わないから、常識を教える意味での嫌がらせをした』と言ってるんですよ」

「は？　家賃は払ってますけど……」

言いながら咄嗟に前に付き合っていたパパを思い浮かべたが、あんなにデブな人ではなかったと思い直し、警察官に「男は誰なのか？」と問うと、

「ここの大家の息子です」

愕然とした。あの大家さん夫婦は知ってたのだろうか？　知っていたとしたら許せないし訴えたい。

ひとまずその場で話を終えて、大家の家のベルを鳴らした。

そーっとドアが開くと、大家さん夫婦は悠さんの前にひれ伏した。

「ごめんなさい、本当にごめんなさい。私たちは何も知らなかったの。引っ越し費用は全

額負担するから、どうか許してください」

大谷さん夫婦が土下座をして懇願するのと、引っ越しにかかる費用を負担するとのことだったので承諾した。もちろん、新品のベッド代も加算させて。

全額負担ということだったので、そこそこの1Kのマンションにすぐさま引っ越した。

荷物を詰めたダンボールを開けると、悠ちゃんのグラビア時代の写真の切り抜きとDVDが入っていた。そんなのを入れた覚えがない。

「えっ！」

手に取って思わず息を呑んだ。写真の切り抜きもDVDのパッケージも、ともに悠ちゃんの乳房と股間の部分が抉られていた。

荷造りしていたその場に、大家の息子は当然いなかったし、すぐさま大家夫婦にも確認したが「これ以上の失礼をあなたにするわけがない」と泣かれた。

では誰が？

未だにわかっていない。

巻末おまけ……………

凶鳴対談
岩井志麻子×徳光正行

徳光　岩井さんとは、よく食事をしたり旅行に行ったりイベントをさせていただいたりと、公私ともどもお世話になっていますが、今回このような形でご一緒させていただくことになり楽しみにしていました。お互いに心霊やオカルト、おかしな人の話も好きで、僕もそういうのを割と呼び寄せるタイプとは思うんですが、頭抜けてそういうのを呼び寄せてしまう二大巨頭（一人は平山夢明先生）の岩井さんですが、最近なにか怖い話ありました？

岩井　怖い話になるのかなあ、知り合いの事務所の人で、農業大学か畜産大学かを出た人がいて、その人は趣味で自分の精子とブタとか犬とか牛とかの卵子を受精させるという実験が好きなんだとか。それが何段階かまでは分裂するんだそうですわ、でも全部途中でだめになるんですって。でも受精卵の段階ではブタ人間とかウシ人間とかができるんだなあって。

徳光　あと一歩まではいけるけど、出来はしないんですねえ。

岩井　同じ哺乳類でも、やっぱりそれは生まれてはいけないものなのかなあ。

徳光　となると、くだんとかはどうなんでしょうね。

岩井　不思議なもので、そういう話はギリシャにもあるでしょう。

徳光　文化が交わっていないところでも同じような話がある。ミノタウロスですね。

岩井　頭が獣というパターンと、下半身が獣というパターーンとありますよね。小松左京さんの名作に『くだんのはは』というのがありますが、あれは頭ですよね。まあ頭が人間でないとしゃべれんわな。犬人間をもし飼うとしたら、頭が人間のにするか身体が人間のにするか。人魚だと美しいけど半魚人って気持ち悪いよね。
徳光　そうですねえ（笑）
岩井　どっちが嫌かなあ、人面犬がしゃべるのも嫌かなあ。
徳光　それで顔が福山雅治なのか温水洋一なのかにもよるかもですね。なまめかしいですよね、それで舐められるんですよ。顔ですよ？　ってそういう話ではなく――。

人の怖さと不思議な話

岩井　上海あたりに留学経験もあり、四柱推命もたしなむその日本人女性Rさんは、ある時に旅行した台湾に魅了されて大陸よりこちらの方が肌に合うわ、とほぼ永住権を取って今では台湾に在住しているんです。

オカルト好きだけど霊感の人ではない。霊感が強いとかオーラが見えるとかいうのではなく、むしろそういうのは信じていない。

私が台湾に行くときにはあちこち案内してくれるのだけど、ある時にRさんが「面白いところに連れて行ってあげる」と、一緒に出掛けた。彼女はお寺巡りが趣味で、とにかく台湾にはいたるところに廟があるんですが、連れて行かれたのは何の変哲もないこじんまりとした普通のビルで、三階まで階段で上がってとある部屋のドアを開けたら、いきなり中がお堂になっている。

看板も出ていないし、案内人がいないと一人でなんか、行くことができない。

で、そのお寺、入った瞬間に「ここ、なんかダメだろうというか、祈ってはいけないだろう」と思った。熱海の秘宝館にあるようなエロい観音様とか、なまめかしい狐とかがみっしりとあって、来ている人も明らかに夜の人たちというか、会社員や主婦ではない。なんやここは、と思いながら外に出たらRさんが「実はあそこは裏廟といって祈ってはいけないことを祈るところなんだ」と言う。祈れば必ず叶うけれど、莫大なお布施を要求されると。お布施とはお金ではなくて、たとえば彼氏の奥さんが死にますようになんて祈ったら、彼氏の奥さんは死ぬけどあんたのお母さんも死ぬ、とか、麻薬取引が成功しますようにと祈ったら、取引は成功するけど撃たれて足を失うことになるとか。そんな怖い廟が普通にそこらへんにあるんですよ。そして普通に人が祈りに来ている。よっぽどのことがあるから来るのでしょうけど、何かと引き換えにしても叶えたいという願い、そんなものは私の中にはないなあと思いましたね。

徳光　わかりにくいところにあるから裏廟なんですね。

岩井　そう。でもガイドブックになんか絶対載らない、口コミで人が来るんでしょうね。

そのRさんね、日本人駐在員向けのバーも経営していたんです。今は人に譲渡してしまったけど、店そのものは残っていてホステスもそのままいる。日本人向けだから、ホステスの女の子たちは程度の差はあれ日本語をしゃべることはできる。その中にJちゃんというめちゃくちゃ日本語のうまい、ちょっとぽっちゃりで可愛いのがいて、訊いたら「高校の途中まで東京にいました。お父さんが日本人なんです」と言う。「じゃあお母さんと台湾に帰ってきたん?」と訊いたら「お母さんは日本で殺されたんです」と言う。私、なんだかその時にピンとくるものがあって、すぐに中瀬ゆかりに連絡したら、わかった。台湾人ママと日本人のヤクザが売春スナックを経営していて、無理やり働かせていたホステスたちがママを寄ってたかって刺し殺してしまったという事件だった。その殺されたママの娘がJちゃん。本人は高校から帰ってきて母親が亡くなっていたのを発見したんやね。お母さんは再々婚かで、その当時お父さんと呼んでいた人とは血がつながっていない。でもJちゃんが言うには、そんな悪い人ではないら

しいけど、いや、悪い人やと思うけど、お母さんが死んだ後、台湾に戻るとなったときにまとまったお金を渡してくれた。それを持って台湾に戻ったら親戚にたかられまくって、すってんてんになって流れ流れてRさんのバーで働くことになったと。

これ、厭な後日談があって、義理の父はその後出所してきた主犯格の元ホステス女と結婚しているんですよ。さらに変な偶然というか、私と仲のいい女の弁護士にその話をしたら「私、その女被告人の国選弁護人になったよ」って。すごい、世の中狭いよね。Jちゃんのことが私気になって、台湾に行ってはちょいちょい同伴したりしてるんだけど、そんな妙に歪んだ巡り合わせみたいなのが図らずと起こるのが不思議。

徳光　岩井さんってそういう話が普通に入ってきますよね。

僕はあちこちで「何か怖い話ない？」って訊くけど「すごい怖い話があるから聞いてください よ」っていう話はまったく怖くないことが多い。「あ、徳光さん、ちょっと変なことがあったんですよ」「変わったことがあったんですよ」とか言われて聞く話の方が、妙な歪みがあって怖いものであることが多い。今回この本に入れたかったのは、歪みや違和感、みたいな話。そこを意識して話を集めましたね。

岩井　そうそう、なんでだろうね。「すっごい怖い話ある！」というのに、つまんないの多いね。「ちょっと変なことがあったんよ」って言われて聞くと「ちょっとじゃないじゃん！」となるね。

徳光　「変なこと」と言われた話には日常に潜む非日常というようなのが多いかな。

岩井　そして「すっごい」と言われてあんまり面白くないのは、期待値が大きくなるからなのかな。

徳光　それに、どこかに聞いたことのある話が多いかな。例えば心霊スポットに五人で行って出てきたら四人しかいなくて五人目が行方不明なっちゃったとか。

岩井　三人で喫茶店に行ったのに、ウェイトレスが四つ、水を置いたとか。

徳光　エンジンを掛けても車が動かなくて、見たら女が後ろに貼り付いていて車が手形だらけになっていたとか。

岩井　タクシーの運転手が女を乗せたけれど後部座席からいなくなっていてびっしょりシートが濡れていたとかね。

徳光　あれはホステスが漏らしたって話を聞いたことありますけど（笑）

　そういった変な話を聞くときって、僕らがちょっと歪んだ話をすると「私も」といって出てくるかな。ホラーや怪談を書いていると言っちゃうと、大げさなつまんない話が返ってくることが多いのかもしれないな。

偶然と怪奇現象

徳光　先日、食事に行くのに地下鉄に乗ったんですけど、車内にちょっと変わった感じのオバサンがいて。そういう人が好きだから見ていたら、突然、空間に数式を書き出したんですよ。ガリレオになったんです、そのオバサン。うんうん頷きながら随分と長い数式を書いては考えしていたんですけど、最後に大きく「うん」とうなずくと電車を降りて行ったんです。

岩井　なにかすごい数式で、なにかがわかったんだね。

徳光　結構な文量を、見えない黒板に書いていましたよ。

岩井　あ、これはぜひ収録してほしいんだけど、一人暮らししているうちの息子に、私が旅行に行っている間に留守を頼んで家に来てもらっていたんです。息子はおかんの本棚からエロ本を出して、さあオ〇ニーしようとベッドに寝っ転がってエロ本を見ていたときに、窓を〈コンコンコンコンコン〉と外から叩く音がする。ウチの家はマンションの高層階のうえ、寝室の窓はベランダではないので人がいるはずが絶対にない。でも〈コンコンコンコン〉と手が叩いているのが見える。息子は怖いと思うより、オ〇ニーしたいのにという気持ちの方が勝って「邪魔すんなよ！」と怒ったら手が消えたんだそうです。
徳光　気持ちが勝ったんですね（笑）
岩井　続きがあって。息子は結局その日はオ〇ニーはせず、仰向けになって寝ていたら、金縛りがきて動けなくなった。本人も金縛りだ、とわかって身体は動かない。目も瞑《つむ》ったままなんだけど、自分が何かを右手に握っているというのがわかった。それが見えてないんだけど風車《かざぐるま》だとわかった。風車なんて、今時見ることはあんまりないじゃない、どこに売ってるんだ？　ってもんですよね。
徳光　恐山《おそれざん》には売っているかも（笑）
岩井　風車を持っているけれど、息子はそれを持っていちゃだめだと思って必死に右手を動かして「えいっ」と放り投げた。そうしたらふと金縛りが解けた。
その後、旅行から戻った私と息子で家の近所のファミレスにご飯を食べに行った時に、食事をしながら息子が「ねえ母ちゃん、ちょっと怖い目に遭ったんだよ」とその話をジェスチャー交えてしていたんです。そして最後のくだり、風車を持った右手を「えいっ」と力を込めて動かして、こんな風に放り投げたという仕草をした。そして私と息子で彼が放り投げた見えない風車を目で追ったその先に――平山夢明先生がご飯食べていたんです。「あれーっ」ってビックリしました。これこそ怪奇現象？　なんでこんなところに？

徳光　そんな偶然が（笑）

そもそも幽霊っているのか

岩井　そもそも幽霊っているんかい？　怖いものってある？
徳光　いてほしいとは思ってますよ。でも幽霊はちゃんと見たことがないから怖いって言えないって感じかな。怖いのは圧倒的に人間ですよ。未知との遭遇っていうか（笑）
岩井　確かに幽霊って殴りかかってくるわけでもなく、火をつけるってわけでもないですからね。でも人っていうのはねえ。
徳光　平山先生は幽霊が出てきたら「お金ちょうだい」と言うって言ってましたね。一万円出してもらえたらラッキーと。
岩井　お経を唱えるより効くかもしれない。
徳光　幽霊は何してくるわけではないから。こちらの気持ち次第かなと。岩井さんは見たことはあるんですよね？
岩井　見たというより、やっぱり妙な体験になるよね、あれはいったいなんだったんだろうっていう。ウチの近所にあった楽園という古い連れ込みホテルがあって、今はもうマンションになっているんだけど、雑誌の仕事でそこに行った時に、入ったら廊下に小柄なお婆ちゃんがいて、私はオーナーなのかお掃除の人なのかなと思いながら「お世話になります」「どうもどうも」と挨拶を交わして。後で聞いたらそんなお婆ちゃんなんかいないし誰も見ていないという。

徳光　似た話で昔、ウチの母親が着物屋に預けていた着物を取りに行った時、いつも店番していているお婆さんと挨拶を交わして。お婆さんは奥に引っ込んで店主が出て来たので「お母さんお変わりなく」と話をしたら「母は一週間前に亡くなりましたが」と言われたと。

岩井さんの現象もそうだけど、そういうことを体験した人の話は信じるけど、自分が見たことないから幽霊をハッキリ肯定はできないかも。

岩井　でもあまりにハッキリ見ているから、怖くもなんともないんだよね。あの後スタッフさんたちに聞かなければ、オーナーさんにあったよというだけのなんでもない話にしちゃったでしょう。

徳光　驚かされるでもなく会話していますからねえ。

岩井　いまだ答えが出ない、幽霊がいるのかいないのか。

知り合いの飲み屋のママさんが見せてくれた何の変哲もない写真で、ちょっとしたパーティをしてる店内の様子が写っているんだけど、冷蔵庫の上にポンと首が乗っている。普通の顔をしてるし、パッと見は冷蔵庫の後ろに人が立っているんかなという怖くもなんともない普通の写真。でもママが言うには、その人はパーティに絶対来ていないと。そして冷蔵庫も後ろに人が立つスペースなんかないというのよ。つまり、ママが言わなかったら誰も何も気がつかないただの写真なんだよね。

徳光　岩井さんにもらった奇妙な写真で、ホテルのジムでトレーニングし終わった男性を撮ったものなんですけど、背後にある暗いモニター画面に彼の姿が写りこんでいるんです。二枚あって、一枚目は普通にモニターに写りこんでいるのは彼だとわかるんですが、二枚目になると様子が違っている。坊主頭のオレンジの衣をつけた人物が首を括っているように見えるんです。

岩井　その人ね、O・Tっていう名前なんですけどね。この写真が撮れた少し前から、仕事で中国と日本を行ったり来たりするんですが、なぜかその度に、空港の入国審査が厳しくなっていたんです。別室に連れて行かれて話を訊かれたりとか。なんでかなということで上司にも言って調べてもらったら、なんと、同姓同名のO・Tという日本人がいて、しかもその人がチベット独立運動にものすごくかかわっていたということがわかったんです。

　この写真よく見たら、このモニターに写っているのチベットの僧侶に見えませんか。なので、このお坊さんの霊は人違いをしているんじゃないかと。別のO・Tのところに出て来たんでないかと思うんですよ。

徳光　間違って出て来たのか、名前でリンクしてこちらに来ちゃったのか。

岩井　空港でも間違えられているわけですからね。幽霊だって間違えるかもしれんと。幽霊がいるのかいないのかわかりませんが、直接的でなくともなんらかの関わりがあると、そんな風に出てこられたりするのかなと。

徳光　提供してくれた人の話は信じるけど、やっぱりまだ僕は百パーセント信じていないかな。単純に怖いと思えない、幽霊っていうのは。

なんて言っていたら、夜中にふと目が覚めたら五十人ぐらいに囲まれたりしていて。所狭しと部屋に幽霊がぎっちりいたら——そしたら百パーセント信じます！

恐怖箱 八裂百物語

加藤 一／編著
神沼三平太、高田公太、ねこや堂／共著

二週に一度、社の酒と榊を取り替える仕事。その裏に何が…（「気安い仕事」収録）引き裂かれる日常。傷口から覗く闇。恐怖と不思議の実話怪談100！

恐怖箱 夜泣怪談

内藤 駆

「雨さんって呼んでいるの」家族が死んだ日から物置部屋に現れた灰色の人。その部屋から見える景色はいつも雨で……（「雨」収録）
摩訶不思議な現実。奇想天外な恐怖。
とにかく憑いてる専門学校生が綴る、前代未聞の実話怪談!!

実録都市伝説～社怪ノ奇録

鈴木呂亜／著
黒木あるじ／監修

チョコレート工場のタンクに落ちた女性――巨大な刃に刻まれて足の先しか見つからない（「あなたの死因はあまりにも」収録）
鈴木呂亜、衝撃の都市伝説シリーズ第3弾！

琉球奇譚 ベーベークーの呪い

小原 猛

「お前の命が食べたい」男が作った最凶の呪物とは――（「ベーベークーの呪い」収録）
体験者から徹底取材！ 沖縄の実話怪談！

「超」怖い話 隠鬼

渡部正和

「今日、連れて行く…」包帯を巻いた訪問者と能面女の密談。かくれんぼの最中、聞こえてきた名前は…（「隠れ鬼」収録）
東北の翁に採話した五十頁を超える連作「山野夜話（抄）」他、著者渾身の実話怪談！

宵口怪談 無明

鳴崎朝寝

アパートのゴミ捨て場で見たスニーカーをその後、何度も別の場所で見る。なぜか爪先はいつもこちらを向いていて…（「爪先を揃えて」収録）
〈怪談マンスリーコンテスト〉から世に出た期待の新星、待望のデビュー作！

怪談四十九夜 埋骨

黒木あるじ／編著
我妻俊樹、小田イ輔、川奈まり子、神 薫、朱雀門 出、鈴木呂亜、つくね乱蔵、冨士玉女、吉澤有貴／共著

黒木あるじの元に集う最恐の実話怪談の書き手たちが49話を書き下ろす人気シリーズ最新作！繰り出される怪異の数々に焼き尽くされ、骨まで恐怖に染まっていく――。

現代怪談 地獄めぐり 無間

響 洋平、ありがとう・ぁみ、いたこ28号、深津さくら、伊計 翼／共著

「あ、やっぱり誰か来てる」深夜に訪問してきたのは、道端にいた異形の男――（ありがとう・ぁみ「憑かれて同じように」）語りの名手が物語る実話怪談シリーズ第2弾！

令和怪談～澤村有希の怪奇ホリック

澤村有希

娘が女児を埋めれば、夫は死に、娘の母も死ぬ…代々、母娘二人しか残らない呪われた家系の因縁とは？

心霊目撃談 現

三雲 央

彼女がトイレのドアを閉められぬ理由。日常の薄皮を剥いて見えた地獄。震え止まらぬ初単著！

実話怪談 幽廓

牛抱せん夏

牛抱せん夏 女流怪談師、寒慄の実話奇譚…心の底まで恐怖が吹きつける牛抱怪談に貴方もとり憑かれる――。

奇譚百物語 獄門

丸山政也

ワールドワイドな怪談を手掛ける四海全土の怪異が集う丸山政也の百物語シリーズ再臨！怒涛の怪異99話を収録。

怪談 生き地獄 現代の怖イ噂
エブリスタ／編
便利で楽しいネット社会とスマホ生活の落とし穴。
ひきこもっても逃げられない、究極の生き地獄……
鳥肌爆裂の恐怖夜話！

純粋怪談 惨事現場異話
さたなきあ
娘の絵日記に描かれた黒いお友達、カナちゃんとは…
遭えば、やられる――。問答無用の地雷系怪談!!

恐怖箱 怪書
加藤 一／編著
雨宮淳司、神沼三平太、高田公太、橘百花、つくね乱蔵、戸神重明、内藤駆、ねこや堂、服部義史、久田樹生、深澤夜、三雲央、渡部正和／共著
「これを守れ、だが読むな」預けられた私家版の詩集。
やがて次々と凶事が…本と書に纏わる実話怪談30話！

実話怪事記 憑き髪
真白 圭
何処までも追い縋る髪の長いおんな…（「ひとふさ」収録）
逃れられない恐怖を実話怪談の鬼才・真白圭が魂を削り描く！

怪談売買録 嗤い猿
黒木あるじ
あなたの不思議な体験、買います――
これは市中で選り集めた、限りなく生に近い
恐怖の実録である……

闇塗怪談 消セナイ恐怖
営業のK
幼少期から続く件との縁。夢に出てくる赤錆びた
鉄扉の向こうに何が…？
金沢の営業マンが見聞きした実在の恐怖と怪奇。
オール書下ろし！

恐怖実話　狂禍

渋川紀秀

ほんとうに恐ろしいのは、死者の怨念か、生者の業か…
人怖の名手・渋川紀秀が書き刻む！混沌の実録恐怖譚！

「弩」怖い話ベストセレクション　薄葬

加藤一

その家は何かがおかしい…謎の箱、連鎖する死の結末は？
呪われた血族と家の間取り、元祖・家系怪談の傑作が
ついに復活!!

南の鬼談　九州四県怪奇巡霊

久田樹生

摩崖仏の祟り、幻の駅舎、鍔塚山の発光体、死の禁足地…
大分、熊本、宮崎、鹿児島、九州4県で目撃・体験された
戦慄の怪異譚！

怪談最恐戦2019

怪談最恐戦実行委員会／編

賞金100万円をかけた日本一の怪談コンテスト
いま最もアツい語り部たちの激闘と戦慄の記録！

憑依怪談　無縁仏

いたこ28号

黎明期より活躍する怪談バーリトゥーダー・いたこ28号
怪異の渦に魅入られたこの男が解き放つ衝撃の初単著！

恐怖実話　怪の残響

吉田悠軌

この男は、触れてはならぬ禁忌を炙り出す――
現場・資料を徹底調査！
心霊現象の裏に隠された恐怖を覗く！

凶鳴怪談

2020年5月4日　初版第1刷発行

著者　岩井志麻子／徳光正行
企画・編集　中西如（Studio DARA）
発行人　後藤明信
発行所　株式会社 竹書房
〒102-0072 東京都千代田区飯田橋2-7-3
電話03（3264）1576（代表）
電話03（3234）6208（編集）
http://www.takeshobo.co.jp
印刷所　中央精版印刷株式会社

定価はカバーに表示しています。
落丁・乱丁本の場合は竹書房までお問い合わせください。

ISBN978-4-8019-2254-9 C0193